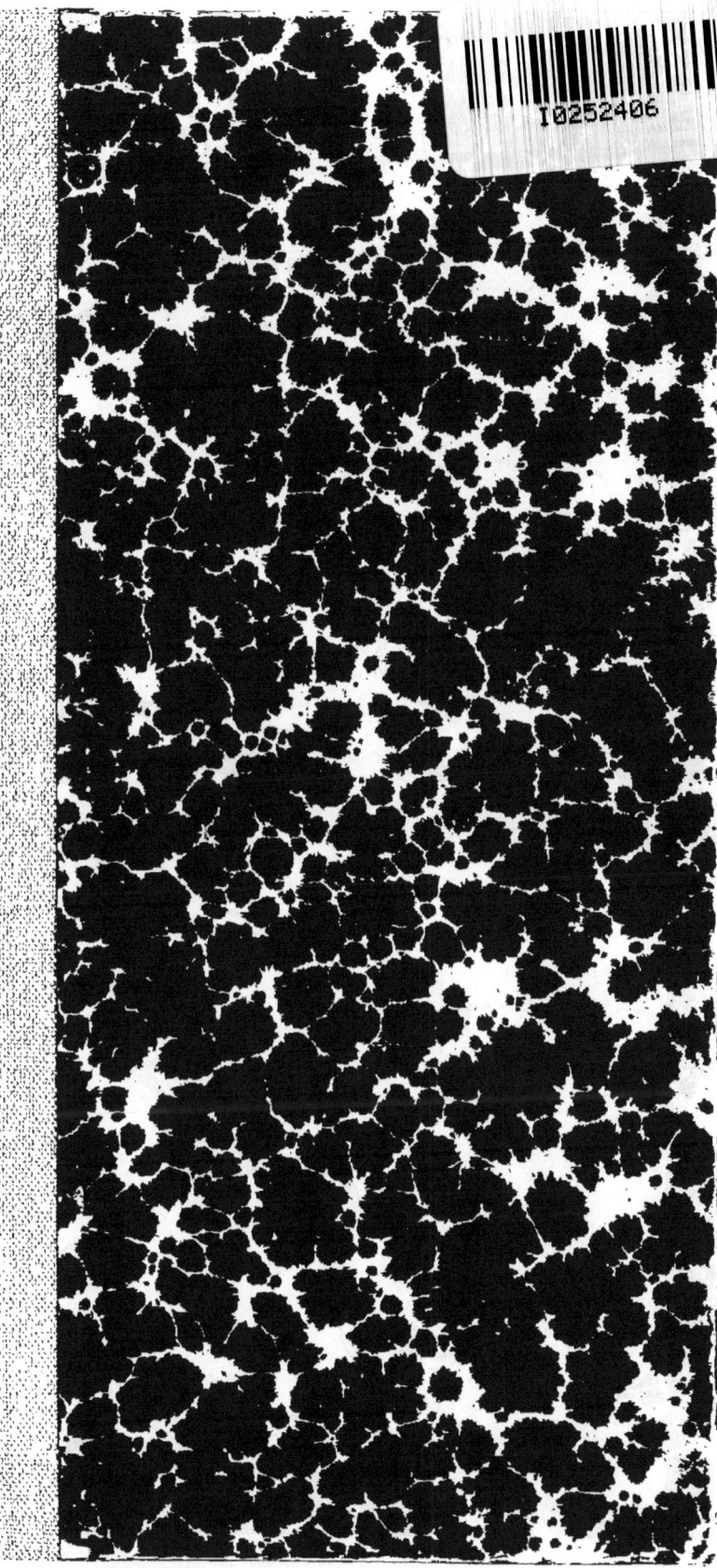

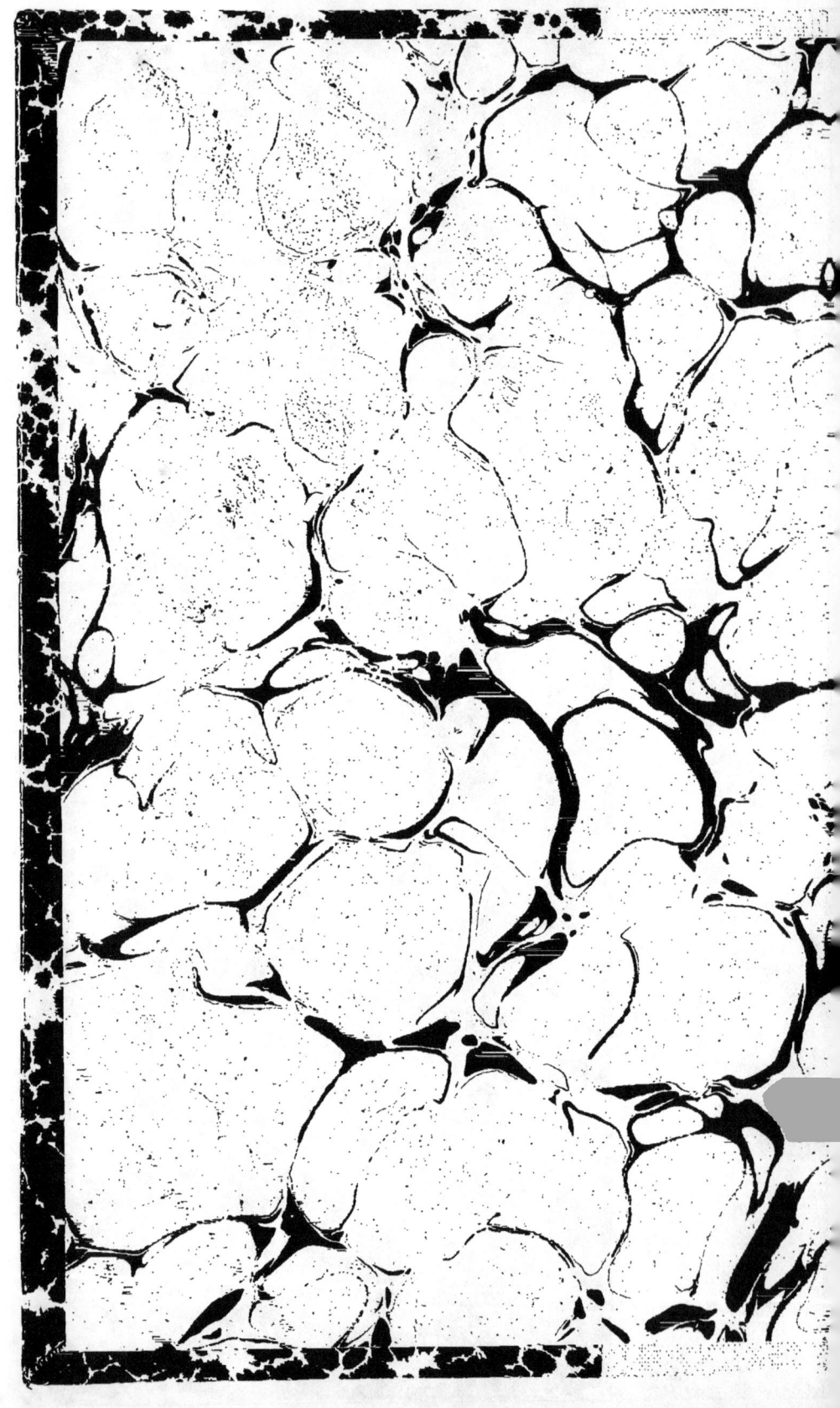

I. BOULANGER

SAINT GILLES

SON PÈLERINAGE

PAR
l'abbé Pierre-Émile d'EVERLANGE
Chanoine h.n. de Digne, Curé de St-Gilles (Gard)

> « Lætabitur deserta et in-
> via & exsultabit solitudo et
> florebit sicut lilium. »
>
> « La terre déserte et sans
> chemin se réjouira de cela :
> le désert tressaillira d'allégresse et
> elle fleurira comme le lis. »
> Is. xxxv.

AVIGNON
F. SEGUIN AÎNÉ, IMPRIMEUR-LIBRAIRE
13, rue Bouquerie, 13

1876

Tous droits réservés.

SAINT GILLES

ET SON PÈLERINAGE

APPROBATIONS

Viso testimonio Domini Teissonnier, in majori Seminario nemausensi professoris,

IMPRIMATUR.

Nemausi die IIIª augusti 1876.

DE TESSAN, vic.-gén.

Libenti et benevolenti animo, hunc librum approbamus et commendamus.

† Fr. M. ANATOLIUS,
Epūs montis pesullani, ad tumulum
Beati Ægidii peregrinus.

Die VIIª augusti 1876.

Sint Gillis, Abt.
(September.)

SAINT GILLES

ET

SON PÈLERINAGE

PAR

L'abbé Pierre-Émile d'Éverlange

Chanoine, re de Digne, Curé de St-Gilles (Gard)

« *Lætabitur deserta et invia et exsultabit solitudo et florebit sicut lilium.* »

« La terre déserte et sans chemin se réjouira, la solitude sera dans l'allégresse et elle fleuririra comme le lis. »

Ps. xxxv, 1.

AVIGNON

FR. SEGUIN AÎNÉ, IMPRIMEUR-LIBRAIRE

13, rue Bouquerie, 13

—

1876

—

Tous droits réservés.

DÉDICACE

AUX FIDÈLES DE St-GILLES

C'est à vous que je dédie ce livre, bons et fidèles paroissiens de Saint-Gilles.

Depuis le jour où, quittant, à la voix de mon Évêque, la paroisse de Villeneuve, riche en souvenirs chrétiens, il me fut donné de devenir le Pasteur de vos âmes, la gloire de Saint Gilles, votre patron, devint la grande préoccupation de mon cœur de Prêtre.

Je viens dans ce modeste et imparfait travail vous offrir le témoignage de ma sollicitude.

Vous l'accepterez, je l'espère, avec bonheur. Tout ce qui célèbre le nom de saint Gilles vous est cher ; tout ce qui rappelle ses vertus vous enflamme d'un saint enthousiasme.

Soyez bénis de ce pieux attachement ! Votre patron est à la fois le fondateur de votre cité et le père de vos âmes. Ne lui êtes-vous pas redevables de tout ce que vous possédez ? Vous lui devez le titre d'enfants de St-Gilles, dont vous êtes justement fiers ; vous lui devez les biens de la terre et les bénédictions du Ciel, le territoire immense fertilisé par le travail de Saint-Gilles et votre foi, principe de toute gloire, de toute force et de tout bonheur.

Le patronage de Saint-Gilles a été pour vous l'origine des plus flatteuses distinctions.

Notre grand Pape, l'immortel Pie IX, a daigné vous donner des témoignages particuliers de sa paternelle affection; vos Évêques vous ont regardés comme une des portions les plus glorieuses de l'antique église de Nîmes ; les pieux pèlerins, les artistes les plus renommés se sont donné rendez-vous dans votre ville, pour prier sur le tombeau de votre patron ou pour admirer l'église monumentale qui abrita longtemps ses reliques.

Vous lirez donc avec intérêt, et, je le souhaite plus encore, avec profit pour vos âmes l'humble ouvrage de votre Pasteur. Il vous apprendra à mieux connaître l'histoire de votre pays. C'est celle de votre Saint, de votre pèlerinage, de votre célèbre basilique.

St-Gilles, 29 août 1876.

Onzième anniversaire de la découverte du Tombeau de saint Gilles.

SAINT-GILLES ET SON PÈLERINAGE

AVANT-PROPOS

Pourquoi ce livre ? St-Gilles et son pèlerinage ont-ils manqué jusqu'à ce jour d'historiens et de panégyristes ? Ce n'est pas nous qui oserions l'affirmer. Établi par la Providence gardien du tombeau de St-Gilles, ne devions-nous pas nous livrer, sur ce sujet, à une étude approfondie, pour satisfaire aux aspirations ardentes du peuple confié à nos soins, comme aux exigences légitimes des pèlerins ? Nous avons voulu nous montrer fidèle à notre mission : répondre à la confiance des uns et éclairer la religion des autres.

Avant nous, bien des plumes autorisées ont mis en lumière ce que tant de souffles d'orages s'étaient efforcés d'obscurcir. Il convient de placer en première ligne la « *Notice historique sur saint Gilles avant et après sa mort*, » que nous devons aux laborieuses recherches de M. l'abbé Teissonnier, enfant de St-Gilles, directeur au Grand Séminaire de Nîmes. (1)

L'archéologie, dans ce qu'elle a de plus élevé en appréciations savantes et en saine critique, a montré sous un jour nouveau l'histoire de saint Gilles retracée avec splendeur sur les

---

(1) *Notice historique sur saint Gilles avant et après sa mort, ou saint Gilles, son monastère et son culte*, par Teissonnier, prêtre. — Nîmes, imprim. Soustelle, 1862.

restes mutilés de sa basilique. M. Révoil, l'éminent architecte du département du Gard, dans un ouvrage que l'on ne saurait trop louer, (1) consacre à l'église de St-Gilles des pages remarquables, dignes de vivre autant que ses merveilles décrites par son talent supérieur.

A côté de ces deux œuvres importantes, nous devons placer l'intéressant mémoire de M. F. Béchard, sur la Fabrique de St-Gilles dont les droits avaient été méconnus. (2)

Pourrions-nous oublier les précieuses brochures de M. l'abbé A. Goubier, curé de St-Gilles? N'y retrouvons-nous pas, en effet, exprimés avec la chaleur d'une grande âme, les efforts de son zèle pour rendre à l'antique pèlerinage de St-Gilles sa gloire éclipsée, et à ses

---

(1) *Architecture romane du Midi de la France,* par Henry Révoil, architecte du gouvernement. 3 vol. in-folio. Veuve A. Morel, éditeur, 13 rue Bonaparte, Paris.

(2) *Consultation pour la Fabrique de St-Gilles.* — Nîmes, Clavel-Ballivet, 1866.

enfants, la ferveur et la sainteté des anciens jours ? (1)

D'honorables habitants de la paroisse, à l'exemple de leur pasteur, ont voulu contribuer, dans la mesure de leurs forces, à cette œuvre de restauration. Nous voulons parler ici de M. le baron de Rivière, (2) de M. Chèvremont (3) et du capitaine A. Delmas. Mais ce dernier n'a jamais livré à la publicité les nombreuses et utiles pages qu'il écrivit en faveur de saint Gilles.

Un dernier ouvrage, remarquable par le fond et la forme vient de paraître au Mans, à l'occasion de la restauration d'un sanctuaire dédié à St-Gilles de la Plaine, près d'Alençon. Il est dû à M. Jules de Kerval. (4)

---

(1) *Mémoire aux fidèles de St-Gilles.* — *Vie admirable du grand saint Gilles.*

(2) *Antiquités du Midi.* Tombeau d'Αιγίδιος (St-Gilles). Marseille, Marius Olive. 1866.

(3) *Crypte de la Basilique abbatiale et monumentale de St-Gilles, notes et souvenirs.* Nîmes, typ. Soustelle, 1866.

(4) *Vie et culte de saint Gilles, l'un des quatorze saints*

AVANT-PROPOS

La Providence qui veille sur ses Saints et garde leurs ossements, réservait un grand honneur à la mémoire de saint Gilles. L'illustre évêque de Nîmes, Monseig. Plantier, dans deux lettres pastorales aux fidèles de son diocèse, (1) a rendu à notre célèbre crypte et aux deux tombes qu'elle renferme plus d'éclat que ne leur avaient ravi plusieurs siècles d'indifférence et de persécutions. Tous les sujets traités par ce grand Prélat se couronnent d'immortalité.

Nous ne dirons rien de ce que les Bollandistes ont écrit sur saint Gilles. D'autres hagiographes moins célèbres ont aussi traité ce sujet. Mais on se procure difficilement ces grands ouvrages, et les opuscules dont nous venons de parler sont presque entièrement épuisés.

Il est vrai, une dernière étude hagiographique

---

les plus secourables du Paradis, par Jules de Kerval. Le Mans. Leguicheux Gallienne, imp. 1874.

(1) *Lettres pastorales* de Monseigneur l'Évêque de Nîmes sur la découverte du tombeau de saint Gilles, et sur l'établissement, dans son diocèse, du culte du Bienheureux Pierre de Castelnau. 1867.

sur saint Gilles et son culte, est depuis longtemps attendue. Mais l'auteur, le pieux et savant abbé Rembry, secrétaire de l'Évêché et chanoine de la Cathédrale de Bruges, n'a pas encore livré son travail à la publicité. Tous ces motifs nous ont fait juger opportun d'écrire une nouvelle notice historique sur le pèlerinage de St-Gilles.

Faire connaître saint Gilles est la pensée qui domine ce travail. N'est-il pas en effet dans sa vie, dans ses œuvres et dans sa mort, la pierre fondamentale de tout ce que nous trouvons à St-Gilles ? Le tombeau et la crypte qui lui sert de sanctuaire ; la Basilique et la Cité ; enfin le pèlerinage de St-Gilles placé autrefois par les Papes au rang des plus célèbres de la chrétienté, mais aujourd'hui si tristement déchu de son ancienne splendeur : tel est l'ordre d'idées que nous suivrons dans cet opuscule.

Puissent ces pages atteindre leur but ! Puissent-elles glorifier Dieu dans l'un de ses plus grands serviteurs et ramener dans les âmes le zèle de la sanctification ? Enfin, et c'est le vœu le plus ardent de notre cœur, puissent-elles faire renaître les pèlerinages autrefois si nombreux auprès de cette tombe dont la vertu est loin d'être tarie !

CHAPITRE PREMIER

SAINT GILLES — SA NAISSANCE — SES ŒUVRES SA MORT

> *Ecce elongavi fugiens et mansi in solitudine.*
> Je me suis éloigné par la fuite et j'ai demeuré dans la solitude.
> Ps. LIV, v. 8.

PREMIÈRES ANNÉES DE SAINT GILLES

C'est vers la fin du VIIe siècle que la ville d'Athènes eut l'insigne honneur de donner le jour à saint Gilles (Ἀιγίδιος). Issu des anciens rois de la Grèce, doué d'une riche et précoce intelligence, Ægidius fit de rapides progrès dans les sciences humaines, au sein de cette capitale, appelée avec raison le foyer des lumières, le centre de la civilisation et des arts.

Mais Dieu, « *admirable dans ses saints* (1) », les prédestine à un progrès plus glorieux. « *Il place dans leur cœur des degrés d'ascension* (2) » et leur fait franchir les espaces immenses qui séparent les régions éclairées par les pures lumières de la foi des sentiers ténébreux dans lesquels l'âme humaine erre le plus souvent sans guide et sans boussole.

Nous le voyons, à cet âge où la « *fascination de la bagatelle* (3) » exerce un trop funeste empire sur le cœur humain, s'arracher aux dangers du monde. Il a entendu ces paroles de l'Évangile : « *Si vous voulez être parfait vendez tout ce que vous avez, donnez-en le prix aux pauvres et vous aurez un trésor dans le*

---

(1) « *Mirabilis Deus in sanctis suis.* » Ps. LXVII, 36.
(2) « *Ascensiones in corde suo disposuit.* » Ps. LXXXIII, 6.
(3) « *Fascinatio nugacitatis.* » Sap. IV, 12.

ciel (1). » Le jeune Ægidius ne se contente pas de les entendre, il les prend pour règle de sa conduite; et le voilà, pauvre volontaire, n'aspirant qu'au bonheur de s'attacher à Jésus, le roi des pauvres.

IL QUITTE SA PATRIE

Bientôt saint Gilles se trouve trop à l'étroit au sein de cette grande cité pour suivre les aspirations de son cœur. L'admiration provoquée autour de lui par son désintéressement le gêne; les louanges le blessent et l'épouvantent. Il veut fuir dans le désert et « *faire de ses ténèbres son habitation* (2) » préférée et chérie. Il s'éloigne donc de la terre qui l'a vu naître ; il dit adieu à sa patrie terrestre pour s'assurer la possession de l'immortelle patrie. Il suit les sentiers de cette mer qu'avaient traversée avant lui les

---

(1) Math. xix, 21.
(2) « *Posuit tenebras latibulum suum*. Ps. xvii, 12.

membres illustres de la famille du Christ et aborde aux mêmes rivages (663).

L'Église d'Arles, célèbre dans l'univers entier, attire les pas de saint Gilles. Déjà Dieu a glorifié son serviteur par le don des miracles : au contact de ses vêtements les malades recouvrent la santé. Notre jeune Saint est obligé de se dérober par la fuite aux honneurs que lui prodigue la reconnaissante vénération des peuples. Il passe le Rhône au-dessus d'Arles et se réfugie dans une solitude profonde sur les bords escarpés du Gardon. Il y trouve dans le solitaire saint Vérédème, Grec comme lui, les exemples et les leçons dont il est saintement avide.

Quand Dieu prédestine une âme à une vertu sublime, et veut en faire le guide et la mère d'une nombreuse famille de saints, il la prépare par le sacrifice et la perfectionne par l'immolation. Saint Gilles devra donc quitter cet asile et ce maître, tous deux si chers à son cœur. Il est conduit par la Providence dans la vallée à jamais célèbre qui devait fleurir au souffle fécond de sa sainteté. Auprès de Vérédème, comme dans la cité de Césaire, les populations attirées par ses miracles, s'étaient attachées à ses pas. Ici du moins, au milieu du désert, il espère jouir de cet oubli des hommes que recherchaient avant tout son humilité et son union avec Dieu. Une caverne perdue au fond des bois va lui servir de demeure.

LA VALLÉE FLAVIENNE

Pour décrire la vie de saint Gilles dans cette solitude, il faudrait retracer celle des solitaires de l'Égypte et de la Thébaïde. Son oraison continuelle élève ses pensées au-dessus de la terre ; dans les ravissements d'une contemplation sublime, son cœur se livre sans partage aux ardeurs de son amour. L'eau des fontaines étanche sa soif. Il se nourrit de racines sauvages et du lait d'une biche, seul témoin de ses austérités. Il dort sur la terre nue, ne cessant, à l'exemple de l'Apôtre de « *châtier son corps et de le réduire en servitude* (1). » Telles sont les saintes rigueurs de sa pénitence, qu'il en laissera les preuves certaines dans ses reliques vénérées.

SAINT GILLES DÉCOUVERT PAR LE ROI WAMBA

Il n'est pas hors de propos de remarquer ici l'alliance étroite qui a toujours existé, dans les desseins de la Providence, entre la vie des saints et les événements les plus considérables de l'histoire. Établis en Espagne, les Wisigoths gouvernaient une partie de la Gaule. Ils avaient pour roi Flavius Wamba qui se glorifiait de compter l'empereur Vespasien parmi ses ancêtres.

Nîmes, la Rome des Gaules, obéissait au prince Wisigoth. Mais bientôt, lasse du joug, la vieille cité se révolte contre son souverain légitime. A cette nouvelle, Wamba accourt à la tête de son armée. La ville rebelle ne tarde pas à rentrer dans le devoir (673).

(1) Cor. IX, 27.

Pour se distraire des fatigues d'un siége sanglant, le roi veut se livrer au plaisir de la chasse dans la forêt voisine. Il s'y rend accompagné d'une suite nombreuse.

Une biche a été aperçue : les chiens s'élancent à sa poursuite, tandis que l'animal effaré par ces cris inaccoutumés vient se réfugier auprès du solitaire qu'elle nourrissait de son lait. C'était saint Gilles. Tout à coup une flèche lancée par une main vigoureuse frappe la main du serviteur de Dieu. Les gens du roi se précipitent, croyant avoir atteint la biche. Quel étonnement pour eux, à la vue du saint anachorète couvert de sang et répandant des larmes, moins à cause de sa blessure, qu'à la pensée du danger auquel vient d'être exposé l'ami, le compagnon de sa solitude.

Informé de ce qui vient d'arriver, le roi s'empresse de visiter le solitaire. Le Saint est en prière, sa biche est étendue à ses pieds. Ému par ce spectacle, subjugué par le prestige de la sainteté toujours tranquille au sein de l'épreuve et du malheur, Wamba tombe à genoux, implorant son pardon. Mais, admirable disposition d'un cœur rempli de Dieu ! la vue de ce roi humilié devant lui, jaloux d'offrir, en réparation d'une offense involontaire, des promesses et un don dignes d'une munificence royale, touche moins notre Saint que la crainte de se voir encore exposé à cette « *hauteur du jour* (1) » qu'il avait fui au prix de tant de sacrifices.

« Scène ravissante, empreinte d'une inexpri-
« mable poésie ! Trait le plus populaire de la
« vie de saint Gilles, dans lequel on a vu une
« image touchante du rôle de l'Église proté-
« geant le faible contre le fort, l'innocent contre
« l'oppresseur (2). » Heureux les peuples, si les puissants du monde ne se montraient pas jaloux de cette influence de l'Église sur les sociétés !

(1) « *Ab altitudine diei timebo.* » Ps. LV, 4.
(2) *Saint Gilles et son culte,* par Jules de Kerval, p. 6.

FONDATION D'UN MONASTÈRE DANS LA VALLÉE FLAVIENNE (674)

La sainteté a pour caractère essentiel la soumission aux desseins de la Providence. Elle voit dans les causes secondes les moyens dont Dieu se sert toujours pour arriver à ses fins. Wamba peut donc élever dans la vallée Flavienne un monastère, à la place de l'humble grotte du solitaire. Saint Gilles accepte tout ; là il vient de voir le « *doigt de Dieu* (1). »

Bientôt de nombreux disciples accourent se placer sous sa direction. Le redoutable fardeau du sacerdoce lui est imposé ; il est élu Abbé du monastère ; et désormais, père des âmes, il va en remplir vis-à-vis de ses enfants la sublime et salutaire mission.

Saint Gilles est destiné à occuper une grande place dans les fastes de l'Église. Il se rend à Rome, en 684, pour visiter le Souverain pon-

---

(1) « *Digitus Dei est hic.* » Exod., VIII, 19.

tife Benoît II. Afin de montrer son attachement inviolable à l'Église de Dieu, il remet entre les mains du Vicaire du Christ les possessions considérables qu'il venait de recevoir du roi Wamba. Une bulle du 20 avril 685 relate ce témoignage de soumission et de générosité filiales. En retour d'une si noble conduite, le Siége apostolique condescend aux vœux de saint Gilles : son monastère est placé sous la juridiction immédiate des Pontifes romains.

SAINT GILLES ET CHARLES-MARTEL

Mais l'œuvre de saint Gilles devra passer par le feu de l'épreuve et de la tribulation. Les farouches sectateurs du Coran venaient d'envahir l'Arabie. L'Asie et l'Afrique avaient accepté leur joug odieux, et le calife de Damas se promettait de soumettre l'Europe entière. A la tête d'une armée formidable Zama a franchi les Pyrénées (719) : les églises sont détruites, les monastères démolis, les villes ravagées. C'était partout des massacres horribles, la terre était inondée de sang humain (1).

Saint Gilles est rempli d'effroi à la pensée des malheurs dont ses fils sont menacés. Emportant les reliques et les vases sacrés, il fuit cette terre que l'impie Musulman va bientôt profaner. Il se réfugie vers Orléans, où le duc d'Austrasie tenait sa cour. Charles-Martel prend saint Gilles et les siens sous sa protection. Aidée par les prières des enfants de l'Église, l'armée chrétienne est bientôt victorieuse des soldats de Mahomet.

Saint Gilles quitte Orléans, et grâces aux largesses de Charles-Martel, il peut relever les ruines faites par le marteau des démolisseurs. Un nouveau monastère s'élève dans la vallée Flavienne, plus glorieux et plus célèbre que le premier : il devait abriter la tombe de son illustre fondateur.

Associés pendant leur vie, les noms de Wam-

---

(1) Bolland., *septemb.* t. 1, col. 293.

ba, Charles-Martel et saint Gilles, le sont encore après leur mort dans la reconnaissance des peuples et de l'Église. Tous trois nous rappellent un admirable dévouement à la cause de Dieu et au bonheur des peuples.

Avec quelle autorité ne condamnent-ils pas ces puissants du jour qui, au mépris de leur foi et des nobles traditions de leurs ancêtres, donnent la main aux spoliateurs sacrilèges de l'Église, et vont même, dans l'aveuglement de leur impiété, jusqu'à dépouiller le Vicaire du Christ de cette royauté temporelle, condition nécessaire à l'exercice de son autorité spirituelle et infaillible (1) !

MORT DE SAINT GILLES

Saint Gilles pourra jouir quelques années

---

(1) Discours du Souverain Pontife aux élèves des collèges étrangers, 21 juillet 1876 : « Je ne cesserai jamais de répéter que le pouvoir temporel est nécessaire au Saint-Siége dans l'ordre actuel de la Providence. »

encore du fruit de ses travaux, heureux de la la paix et de la concorde qui règnent au milieu de ses enfants. Mais l'heure de la délivrance a sonné pour lui.

Instruit par Dieu du moment de sa mort, comblé de grâces et l'âme inondée d'une joie céleste, saint Gilles s'endort paisiblement dans le Seigneur le 1ᵉʳ septembre 721.

CHAPITRE SECOND

RAPIDE PROPAGATION DU CULTE DE SAINT GILLES

> « *Justorum semita quasi lux splendens, procedit et crescit usque ad perfectam diem.* »
>
> « Le sentier des justes est comme une lumière brillante qui s'avance et qui croît jusqu'au jour parfait. »
> Prov. iv, 18.

SAINT GILLES PLACÉ AU NOMBRE DES SAINTS

Nous avons montré la gloire de saint Gilles pendant les jours de sa vie mortelle. En vain s'est-il efforcé de la fuir : la gloire s'est attachée à ses pas et elle vient couronner son tombeau.

La foi des peuples proclame bien haut la sainteté de saint Gilles. La voix des Souverains pontifes, la seule autorisée puisqu'elle est infaillible, approuve ce titre et le sanctionne. Jean VIII, dans deux bulles datées de 878, place saint Gilles au nombre des saints. Son nom est invoqué, sa mémoire est en vénération, et de tous côtés on accourt, dans les afflictions et les maladies, pour implorer sa puissance.

Des miracles éclatent autour de son tombeau et augmentent, en la récompensant, la confiance des peuples. Des flots de pèlerins se pressent de toute part et viennent offrir chaque jour à ce sépulcre devenu glorieux (1), l'hommage de leur foi et de leur amour. Bientôt le monastère ne suffit pas à recueillir les âmes jalouses de vivre à l'ombre de cette tombe illustre. Une ville se forme autour de l'abbaye et devient une des cités les plus populeuses du Midi de la France.

(1) « *Et erit sepulcrum ejus gloriosum* ». Is. XI. 10.

PROSPÉRITÉ DE LA VILLE ET DU PÈLERINAGE DE SAINT GILLES

Plusieurs chartes du moyen-âge, citées par Mabillon, désignent le tombeau de saint Gilles comme un des trois grands pèlerinages d'Occident. « Les pèlerins, y est-il dit, visite-
« ront les sanctuaires des saints, c'est-à-dire,
« celui de la bienheureuse Vierge Marie et de
« saint Pierre à Rome, celui de saint Jacques
« de Compostelle et celui de saint Gilles. »

Au témoignage du savant historien s'ajoute celui des papes. Dans plusieurs bulles que possède encore l'Église de Saint-Gilles, Urbain II, Adrien IV, Grégoire IX et Innocent IV placent le pèlerinage de Saint-Gilles au rang des plus célèbres de la chrétienté.

Sous l'impulsion puissante de la papauté, la ville de Saint-Gilles devenait de jour en jour plus florissante. Elle était administrée souverainement par des consuls élus par les notables, et l'on voyait avec admiration se conserver et s'accroître dans son sein deux biens après lesquels aspire vainement notre société moderne : la liberté et la paix.

Telle avait été la volonté expressément affirmée par Benoît II, dans sa bulle d'acceptation de la donation du monastère, en date du 26 Avril 685. — « Nous voulons, avait-il dit, « que ce lieu et toutes ses dépendances demeu- « rent toujours libres et jouissent de la paix. » Précieuse leçon donnée à notre siècle, auquel on voudrait faire entendre que l'autorité de l'Église, acceptée par les peuples, doit nécessairement produire la servitude ou la guerre !

La vallée Flavienne, que l'on a vue, pareille à ce désert dont parle le prophète, *tressaillant d'allégresse et florissant comme un lis* (1), se couronne aujourd'hui des fruits merveilleux de la civilisation chrétienne. Les Templiers élèvent à Saint-Gilles de grands établissements. Nous

---

(1) « *Lætabitur deserta et invia et exultabit solitudo et florebit sicut lilium.* » Is. xxxv. 1.

y voyons ensuite fleurir l'ordre de Saint-Jean de Jérusalem. Il y établit un des grands prieurés de la langue de Provence ; cinquante-quatre commanderies en dépendent, et plusieurs grands-maîtres de l'ordre se feront gloire d'en être sortis.

« L'art, » on l'a dit, « y rivalisait avec
« le commerce des Croisades. Les lettres et les
« sciences avaient aussi leurs représentants à
« Saint-Gilles. Dès le XII⁰ siècle, la ville pos-
« sédait une école de grammaire, de rhétorique
« et de dialectique. Les moines, fidèles aux
« traditions bénédictines, distribuaient avec
« une égale largesse le pain du corps et de
« l'âme, l'aumône et la vérité. Enfin Saint-Gil-
« les, reçut souvent dans ses murs les papes,
« qui, chassés de Rome par la révolte ou
« par le schisme, s'empressaient d'aborder aux
« rivages hospitaliers de la France, si bien
« appelée par Baronius « le port de la barque
« de Pierre pendant l'orage. » Ainsi a-t-on pu
« ajouter à la gloire de saint Gilles. Les pèle-

« rinages et les Croisades, les arts et les scien-
« ces, les moines et la papauté, c'est-à-dire
« toutes les gloires de l'Église et de la société
« au XIIe siècle, projetaient leur éclat sur Saint-
« Gilles pour en faire une illustre patrie (1). »

CRYPTE DE SAINT GILLES

Comment la reconnaissance du peuple de saint Gilles, ne se serait-elle pas manifestée envers cet insigne bienfaiteur ? Elle se traduisit par un de ces actes qui montent dans leur magnificence presque à la hauteur des bienfaits reçus.

Nous voulons parler de cette cryte incomparable où repose le tombeau du grand Saint. Elle existe encore, mutilée, dépouillée des ornements qu'y avaient prodigués la piété des habitants et la ferveur des pèlerins de toutes les contrées de l'Europe. Mais, depuis quelques

---

(1) *Vie du bienheureux Réginald, de S. Gilles*, chap. 1, pag. 17.

années, elle a vu « *sa jeunesse se renouveler comme celle de l'aigle.* (1). » Son tombeau, voilé pendant trois siècles par les nuages qu'avait amoncelés autour de lui la haine de l'hérésie, en sortant de ses ruines, a répandu la lumière et la splendeur sur les murs désolés de ce riche monument.

La construction de la crype date du XIe siècle. L'autel majeur en fut consacré par le pape Urbain II, en 1095. L'église haute, qu'elle était destinée à soutenir, devait être, dans l'opinion de ce pape, la plus belle basilique du monde.

« La crypte ne s'étend pas sous toute la su-
« perficie de l'église haute ancienne. Elle corres-
« pond exactement aujourd'hui à la partie réé-
« difiée, c'est-à-dire aux deux tiers de l'ancien
« monument.

« Cette crypte, avec ses voûtes surbaissées,
« à arêtes dentelées richement, avec ses pilas-
« tres massifs et ornés, ses fenêtres cintrées et

---

(1) « *Renovabitur ut aquilæ juventus tua* ». Ps. CII, 5.

« artistement appareillées, son puits devenu
« tristement historique, ses escaliers et rampes
« d'accès à l'église haute, présente un carac-
« tère mystérieux, particulier, qui impressionne
« vivement tout visiteur. Elle se compose de
« six arcades ou entre-colonnements. Au cen-
« tre, l'arcade est d'un style sévère, mais tout
« simple, qui contraste singulièrement avec la
« richesse de décorations des trois arcades qui
« la précèdent et des trois arcades qui la sui-
« vent. Cette arcade centrale a tout l'air d'une
« humble chapelle. Elle est à plein cintre, sans
« ornements d'architecture, tandis que les ar-
« cades qui l'enveloppent et lui font un cortége
« d'honneur sont surbaissées et richement dé-
« corées. C'est au milieu de cette arcade que
« repose encore aujourd'hui le tombeau de
« saint Gilles. (1). »

SAINT-GILLES PENDANT LES CROISADES

Le monastère de Saint-Gilles, qui fixait depuis

(1) *Extrait des notes de M. le capitaine* A. Delmas.

des siècles les regards de la catholicité, allait être appelé à jouer un rôle plus éclatant encore à l'heure à jamais mémorable où l'Église précipitait l'Europe entière vers l'Orient. Urbain II, inspirateur et prédicateur infatigable des Croisades, ne demeura pas étranger à la gloire de saint Gilles.

Il célébrait, le 1er Septembre 1094, au monastère de Saint-Gilles, la fête de ce grand Saint, pour lequel il avait eu dès son enfance une dévotion tendre et fervente ! « Je rends grâces à Dieu, » écrivait le pape au père Odilon, abbé de Saint-Gilles, « de ce que, dans sa miséri-
« ricorde, il a daigné m'amener à votre monas-
« tère pour y célébrer avec vous la solennité de
« saint Gilles. Depuis ce jour ma dévotion à ce
« grand Saint n'en est que plus ardente, et par
« là aussi est plus vif l'intérêt que m'inspire le
« monastère dont il fut le fondateur. Nous
« voulons le conserver, comme la prunelle de
« l'œil (1). »

(1) Darras. *Hist. gén. de l'Église.* Tom. 23, pag. 257.

Ainsi parlaient de saint Gilles et de son monastère les pontifes de Rome ; leurs témoignages sont conservés dans le bullaire original que possède encore l'antique basilique.

La confiance et l'amour des papes pour saint Gilles se rapportent à tout ce qui rappelle son nom et fait revivre, dans quelque mesure, sa grandeur et ses vertus. Le 12 Septembre 1094, Urbain II, traversait Avignon, la future cité des papes, d'où il datait un diplôme en faveur du monastère de Saint-Gilles (1).

Plus tard ce même pape a-t-il une mission importante à confier à un homme capable, par ses hautes qualités, de la remplir, c'est à l'abbé de Saint-Gilles, Odilon, qu'Urbain II s'adresse. Il l'appelle « son vénérable frère », et le charge de rappeler au devoir le roi de Hongrie, Colomann, qui avait malheureusement pactisé avec le schisme et le Néron de l'Allemagne (2).

---

(1) Darras, *ibid*.
(2) Darras, *ibid, pag. 224*.

Les priviléges accordés par les papes au monastère de Saint-Gilles portèrent leurs fruits. Un accroissement de piété pour son pèlerinage ; toutes les grandeurs du XIIe siècle prosternées devant ce tombeau ; des milliers de pèlerins répandant au loin l'amour de saint Gilles, qu'ils avaient puisé auprès de ses reliques sacrées : tel fut l'heureux effet des bénédictions pontificales.

Toutes ces gloires nous paraissent se résumer dans un des héros de la première croisade, le comte Raymond IV de Toulouse. Le culte profond qu'il avait pour saint Gilles lui fit préférer ce nom à celui, cependant si glorieux, des comtes de Toulouse; l'illustre croisé ne voulut s'appeler que Raymond de saint Gilles.

Un prodige opéré devant l'armée chrétienne après la prise de Nicée, devait encore augmenter la confiance que les peuples et les rois témoignaient en saint Gilles. « Le comte de « Toulouse atteint d'une maladie mortelle ve- « nait de recevoir les dernières onctions des

« mains de l'évêque d'Orange. Ce fut alors
« dans l'armée un désespoir comme il ne s'en
« verra jamais.

« Dès le début de sa maladie, Raymond de
« saint Gilles avait vu arriver sous sa tente un
« chevalier Saxon qui l'entretint à peu près en
« ces termes : « A deux reprises, votre patron
« saint Ægidius m'est apparu : « Va trouver, »
« m'a-t-il dit, « mon serviteur le comte Ray-
« mond de saint Gilles. Qu'il soit sans inquié-
« tude sur l'issue de sa maladie, il recouvrera
« la santé. J'ai obtenu de Dieu cette grâce, et
« je continuerai à le protéger. » Le comte
« accueillit avec reconnaissance cette commu-
« nication. Son état cependant, loin de s'amé-
« liorer, empirait tellement qu'on crut sa der-
« nière heure arrivée. Mais Dieu avait voulu
« le conduire aux portes du tombeau pour
« mieux faire éclater la puissance de saint Gil-
« les, que l'armée des Croisés se plut à bénir et
« à invoquer davantage (1). »

(1) Darras. *Hist. gén. de l'Église*, Tom. 23, pag. 472.

SAINT LOUIS ET CLÉMENT IV

De tous les noms qui ont illustré à la fois la patrie et l'Église, nul ne peut égaler saint Louis ; et comme Saint-Gilles eut avec les Croisades des rapports intimes, nous ne serons pas surpris de voir le grand roi accomplir, avec son armée, un pèlerinage si célèbre et si cher à son cœur.

Aucun n'ignore que le secrétaire particulier de saint Louis et son ami, Guy de Foulques, qui passait pour le premier jurisconsulte de son temps, et qui, plus tard, devint pape sous le nom de Clément IV, était de Saint-Gilles. De là, sans doute, cette prédilection de saint Louis pour une ville à laquelle il devait tant, au double point de vue de sa foi et de son amitié.

Clément IV n'oubliera jamais, de son côté, ce qu'il devait au roi très-chrétien. Monté sur le trône pontifical (1265), il lui écrivait ces lignes à jamais mémorables : » Autrefois, nous vous

« appelions notre maître : rien de plus juste ni
« de plus agréable à notre cœur. Vous fûtes
« en même temps notre ami ; rien de plus
« vrai ni de plus flatteur pour nous. Mainte-
« nant que la divine miséricorde nous a élevé,
« elle seule, au faîte du trône apostolique, nous
« vous donnons un nom plus doux. Vous êtes
« notre fils ; et ce nom rend mieux que tous les
« autres la douceur de la dilection que nous
« ressentons pour votre auguste personne. »

Ce double lien d'amitié pour Guy de Foulques et de vénération pour saint Gilles peuvent expliquer les séjours prolongés de Louis IX
dans l'antique abbaye. Le passage de saint Louis
à St-Gilles est attesté par un curieux monument. On voit sur le fût d'une des colonnes
du porche de la basilique, au milieu de divers
noms de pèlerins, gravés sur la pierre à l'aide
d'une pointe d'acier, le nom de Joinville, écrit
sans doute de sa main ; et à côté, la silhouette
du roi grossièrement tracée. Il est revêtu d'une
cotte de mailles, porte la couronne sur la tête

et à la main le sceptre surmonté de la fleur de lys.

CULTE DE SAINT GILLES EN EUROPE

Il était impossible qu'un sanctuaire en faveur duquel le ciel et la terre, Dieu et les hommes avaient tant fait, n'eût pas un grand retentissement dans l'univers. La voix des miracles d'une part, de l'autre les grâces innombrables obtenues par l'intercession de l'humble ermite de la vallée Flavienne ; les peuples nombreux qui s'étaient pressés autour du glorieux tombeau, devaient nécessairement populariser le nom de saint Gilles. Il serait difficile d'énumérer tous les sanctuaires élevés en son honneur.

Parmi les plus anciens de France, on cite l'église de Portes, près d'Alais, celles d'Abbeville, du monastère de St-Quentin près Péronne et de St-Leu-St-Gilles à Paris, construite au XIIe siècle. L'Ouest s'est montré en tout temps très-dévoué à saint Gilles. Dans le diocèse de St-Brieuc, quatre localités portent le nom de St-Gilles, et dans l'église cathédrale un autel lui est dédié.

En Belgique, en Pologne, en Allemagne, de nombreuses églises s'élèvent, témoignage éclatant de la confiance et de la vénération des peuples pour ce grand Saint.

L'Angleterre eut toujours un culte particulier pour saint Gilles. Après saint Georges, il est un des saints les plus populaires dans ce pays et marche presque l'égal de saint Guillaume, de saint Thomas de Cantorbéry et même de saint Augustin, le premier apôtre de ces contrées. Un des plus grands quartiers de Londres porte le nom de St-Gilles, et sa statue se voit dans l'une des rues de la paroisse qui lui est dédiée, malgré le peu de sympathie de la Réforme pour de semblables monuments (1).

(1) Cf l'opuscule de M. Jules de Kerval sur saint Gilles et son culte et l'ouvrage de M. l'abbé Teissonnier.

SAINT GILLES INVOQUÉ DANS LES AFFLICTIONS ET LES MALADIES

Les peuples ont aimé à considérer les Saints comme des amis et des protecteurs. Ils ont cru que Dieu s'était plu à communiquer à certains d'entre eux une part de sa puissance sur les maladies et les fléaux. Des grâces obtenues, des miracles opérés par leur intercession avaient surtout désigné aux âmes affligées quatorze Saints, appelés pour cette raison les Saints auxiliateurs. Saint Gilles trouve sa place parmi eux.

On l'invoquait contre ce mal terrible qui se nomme la peur. La mère plaçait son enfant sous sa protection, à la pensée des dangers nombreux qui menacent sa faiblesse et sa pusillanimité.

Louis XIII et Anne d'Autriche ordonnèrent, en 1638, des prières solennelles à saint Gilles, lors de la naissance de Louis XIV ; et, pendant neuf jours, le clergé et la noblesse se rendirent à l'église St-Leu-St-Gilles de Paris, pour demander au ciel la conservation du prince nouveau-né.

NAISSANCE MIRACULEUSE DE BOLESLAS III

Voir les êtres chéris que le ciel nous accorde préservés de maux et de dangers justement redoutés, est une grâce précieuse, sans doute, aux yeux d'un père et d'une mère. Mais obtenir la fécondité à une tige qui, desséchée jusque dans ses profondeurs, semblait condamnée à une désolante stérilité, voilà une faveur d'un prix inestimable et dont l'histoire des peuples s'est montrée plus d'une fois reconnaisante envers saint Gilles. Nous n'en citons qu'un exemple emprunté aux chroniques de la Pologne :

« Le duc Wladislas, roi de Pologne (1085),
« dans le désir ardent, partagé par son épouse,
« la princesse Judith, de donner un héritier au
« trône de saint Casimir, persévérait dans le
« jeûne et la prière, faisant d'abondantes aumô-

« nes pour obtenir du ciel ce fils si impatiem-
« ment attendu pour le bonheur et la prospé-
« rité de la Pologne.

« L'évêque Lambert, témoin de ces bonnes
« œuvres, leur dit : Écoutez, ô prince, et vous
« noble princesse, il est un Saint, aux extrémi-
« tés de la Gaule, à l'endroit où le Rhône en-
« tre dans la mer, que l'on n'invoque jamais en
« vain, tant son pouvoir est grand auprès de
« Dieu. C'est saint Gilles. Faites donc une
« statue d'or qui ait la forme d'un enfant ; joi-
« gnez-y d'autres dons, et envoyez-les, en pré-
« sents, au monastère où reposent ses restes vé-
« nérés. Le conseil de l'évêque est suivi. Des
« messagers fidèles quittent la Pologne, em-
« portant de riches offrandes et l'enfant d'or
« qu'ils déposeront sur le tombeau de saint
« Gilles.

« Les religieux, à la réception du message
« royal, se mettent en prières et s'imposent un
« jeûne de trois jours.

« Entendez-les s'écrier tous ensemble dans

« l'unanime ferveur de leur prière : Ah ! grand
« Saint, vous êtes puissant pour obtenir les
« grâces, comblez les vœux que vos serviteurs
« vous adressent en ce jour. Allons, enfant
« pour enfant ; prenez l'image, donnez-nous la
« réalité. Donnez-nous un enfant de chair, pre-
« nez celui qui est d'or.

« Que dirons-nous encore ? Les pieux céno-
« bites n'avaient pas achevé le jeûne, et déjà
« au fond de la Pologne, la princesse commen-
« çait à être mère et se réjouissait d'avoir conçu
« un fils (1). »

L'enfant naquit le 23 décembre 1085 et devint roi sous le nom de Boleslas III.

Après sept siècles, le souvenir de ce miracle
est encore vivant au sein de la malheureuse Pologne. En 1851, M. le comte Alexandre
Przezdziecki, fit don à l'église de St-Gilles d'un
magnifique ciboire: « Pour transmettre à la pos-
« térité, » dit-il dans son acte de donation, « le

---

(1) *Patrologie* de l'abbé Migne, t. 160, col. 874.

« souvenir de la naissance de Boleslas III,
« due aux prières de saint Gilles, et renouve-
« ler un acte de gratitude des ancêtres envers la
« divine Providence, j'offre à l'église de St-
« Gilles un saint ciboire en vermeil. Puisse ce
« vase sacré servir longtemps pour la plus
« grande gloire de Dieu et la sanctification des
« fidèles. »

Le noble comte était venu lui-même à St-Gilles le 28 août 1851, attiré par cette tendre dévotion envers notre Saint qui l'animait dès son berceau, et dont il avait respiré les parfums dans les nombreuses églises fondées en Pologne au XIIe siècle, sous le vocable de St-Gilles. Il quittait une patrie désolée par le souffle de la persécution Moscovite, pour ne retrouver en France, dans ce pays de St-Gilles si aimé de son cœur, que le magnifique portail roman, la précieuse collection de ses bulles et les ruines amoncelées par les guerres civiles (1).

---

(1) Un manuscrit relatant le miracle de la naissance de Boleslas III a été laissé par le comte dans les archives de la paroisse de St-Gilles.

SAINT GILLES INVOQUÉ DANS LES AFFLICTIONS ET LES MALADIES

Saint Gilles était encore invoqué contre le respect humain. Cette crainte des hommes, on l'a dit, ne fait nulle part plus de victimes qu'au tribunal de la pénitence; elle donne la mort là où les âmes espéraient trouver la vie.

Les *Actes des Saints* rapportent le trait suivant de la puissance de saint Gilles sur ce mal désastreux. « Pendant le séjour de l'humble
« moine à la cour de Charles-Martel, un duc
» de la suite du roi commit une faute grave,
« qu'il n'osait confesser à aucun prêtre. Il se
« recommandait néanmoins aux prières de saint
« Gilles. Or il arriva qu'un jour, tandis que le
« saint disait la messe, un ange lui apparut,
« lui révéla la faute du prince et lui remit un
« écrit. Aussitôt saint Gilles, va trouver le duc
« et le supplie de songer à son âme. Celui-ci
« touché confesse sa faute et reçoit l'absolution.
« L'écrit de l'ange est ouvert: qu'y lit-on ?....

« Dieu a ratifié la sentence de son serviteur ;
« et désormais, à sa prière, les plus grands
« pécheurs obtiendront le courage de confes-
« ser leurs crimes et la grâce du pardon (1). »

Ce que l'on ignore trop universellement, c'est que le mal terrible regardé comme incurable et malheureusement héréditaire, l'épilepsie, a trouvé dans saint Gilles un pouvoir spécial de préservation ou de guérison. Dans certaines localités, ces guérisons ont été si nombreuses que l'épilepsie est appelée le *mal saint-Gilles*, c'est-à-dire le mal contre lequel il faut implorer la protection de saint Gilles.

On l'invoque encore contre la fièvre, au souvenir sans doute du soulagement qu'il accordait de son vivant contre ce genre de maladie.

On le regarde enfin comme un puissant intercesseur dans les orages, les incendies et la sécheresse. On se rappelle que, fuyant sa patrie, une affreuse tempête s'éleva, menaçant d'en-

(1) *Acta Sanctorum*, 1er Septemb.

gloutir le vaisseau qu'il montait, mais qu'à sa prière le calme se rétablit.

Vers la fin du XIe siècle, au monastère de Saint-Quentin, en Picardie, un moine, animé d'une tendre dévotion pour saint Gilles, ayant laissé un cierge allumé sur l'autel de ce saint, le feu se communiqua à la chapelle. Mais, grâce à sa protection puissante, l'autel de saint Gilles fut respecté par les flammes et n'en subit aucune atteinte.

La grotte que saint Gilles a habitée dans la vallée Flavienne est parfois encore le but de pieux pèlerinages accomplis dans les temps de sécheresse et toujours bénis par le ciel. Comment pourrait-on oublier que, de son vivant, sa prière puissante, unie à celle de saint Vérédème, obtint la cessation d'une désolante aridité qui affligeait le pays depuis de longs jours (1) !

(1) Cf. *l'opuscule de M. Jules de Kerval*, déjà cité.

CHAPITRE TROISIÈME

DÉCADENCE DU PÈLERINAGE DE SAINT GILLES

> « *Viæ Sion lugent eo quod non sint qui veniant ad solemnitatem.* »
> Les voies de Sion pleurent parce que personne ne vient plus à ses solennités.
> (Thren. I, 4.)

Nous venons d'admirer la prospérité toujours croissante de l'église de Saint-Gilles. Mais telle n'est pas ici-bas la condition permanente des œuvres de Dieu. Tôt ou tard, l'épreuve doit se faire sentir pour leur donner ce caractère de perfection que rien ne saurait remplacer : « *Virtus in infirmitate perficitur* (1). »

Il est même à remarquer dans l'histoire de l'Église que les fondations les plus célèbres ont eu une plus large part dans les persécutions. Il devait en être ainsi pour Saint-Gilles.

LES ALBIGEOIS

« Une hérésie d'origine orientale venait d'as-
« seoir son camp principal dans le midi de la
« France. Cette hérésie toujours combattue et
« toujours vivace remontait à la fin du IIIe
« siècle. Repoussés de dessous le soleil, les
« Manichéens se réfugièrent dans les ténèbres,
« y formèrent une société secrète, seul état qui
« permette à l'erreur de se perpétuer long-
« temps (2). »

On sait le rôle que Saint-Gilles allait jouer à cette triste époque et les douloureuses humilia-

(1) 2 Cor. xii, 9.

(2) Lacordaire. *Vie de S. Dominique*, chap. 1.

tions qu'il devait subir pendant ces jours de luttes sanglantes.

Raymond VI, comte de Toulouse, oublieux de l'héritage de gloire que lui avait légué son aïeul Raymond de Saint-Gilles, le Nestor de la première croisade, était à la tête de ces farouches sectaires, désignés dans l'histoire sous le nom d'Albigeois. Et quel temps, plus que le nôtre, fut aussi tristement fécond en pareilles apostasies! Le cœur honnête et chrétien, indigné par le spectacle contemporain de semblables défections, ne saurait être surpris des faiblesses criminelles des anciens jours.

MORT DE PIERRE DE CASTELNAU

L'histoire nous représente les Albigeois semant sur leur passage toutes les désolations et tous les malheurs. Il n'entre pas dans notre plan de les raconter. Mais il nous est facile de les montrer tous réunis dans un seul exemple. Nous voulons parler de la mort de Pierre de

Castelnau, si intimement lié par sa vie, ses luttes contre l'erreur et son martyre, avec les destinées de l'église de Saint-Gilles.

Investi par le pape Innocent III de la mission de pacifier nos contrées, Pierre de Castelnau vint à Saint-Gilles en qualité de légat, déjà convaincu que sa parole serait impuissante et que le sang d'un martyr pouvait seul faire triompher la vérité. Il devait être cette victime choisie du ciel: il en avait eu le pressentiment.

Le comte de Toulouse, naguère excommunié par lui, témoignait le désir de se réconcilier sincèrement avec l'Église. Mais son dessein était plutôt d'obtenir par l'intimidation un pardon dont il n'était pas digne. Dans ces circonstances, le légat Pierre de Castelnau, après avoir célébré les saints mystères sur le tombeau de saint Gilles, se disposait à passer le Rhône pour continuer sa mission. Un chevalier le joignit sur les bords du fleuve et le poignarda. C'était le 15 Janvier 1208. Le légat devint ainsi martyr. « Dieu te pardonne, » s'écria-t-il en s'adressant à son meurtrier, « puisque je te pardonne. »

Le corps de Pierre de Castelnau fut enseveli avec honneur dans le cloître de l'illustre abbaye de Saint-Gilles. Plus tard on le transporta dans l'église souterraine du monastère. « Quand on fit sa translation, » écrit Mgr Plantier dans son instruction pastorale pour l'établissement dans son diocèse du culte du saint martyr, « ses
« chairs étaient intactes, son sang paraissait vif
« encore ; on eût dit qu'il était inhumé de la
« veille, et de ses reliques aussi bien que de
« ses vêtements sortit une odeur tellement
« suave et pénétrante, que la foule crut qu'on
« avait rempli de parfums la pieuse enceinte
« où l'on déposait le martyr. Le cercueil de
« marbre qui le reçut touchait presque au
« tombeau de saint Gilles lui-même et sem-
« blait vouloir reposer à l'ombre de sa gloire.

« Il garda jusqu'au XVIe siècle le trésor qui
« lui avait été confié. Si d'odieuses profana-
« tions le lui ravirent alors, la mémoire de ce-

« lui dont il avait contenu la dépouille n'a cessé
« de planer jusqu'à ce jour sur sa pierre muti-
« lée pour la rendre chère à la piété des peu-
« ples ; et lorsqu'en visitant la crypte silen-
« cieuse qui l'abrite, vous arrivez devant l'ar-
« ceau où ce sépulcre est enchâssé, le gardien
« du sanctuaire vous dit avec émotion : Voici
« la tombe où pendant plus de trois siècles
« dormirent les restes bénis de Pierre de Cas-
« telnau. »

A la nouvelle de la mort de son légat, Innocent III écrivait aux évêques de la province :

« Frère Pierre de Castelnau qui a répandu
« son sang pour la foi et pour la paix a vrai-
« ment souffert le martyre. Nous vous exhor-
« tons par l'Esprit Saint, nous vous ordonnons
« au nom de l'obéissance de faire fructifier la
« semence qu'il a répandue par sa prédica-
« tion. »

PÉNITENCE PUBLIQUE DE RAYMOND VI

Le comte Raymond excommunié promit

bientôt, avec seize de ses vassaux, de réparer ses fautes. Il accepta la pénitence qui lui était imposée ; et ce fut alors que la crypte de St-Gilles et le perron de sa basilique offrirent le spectacle émouvant d'une expiation publique et royale dont on n'avait pas vu d'exemples depuis les premiers siècles de l'Église.

« On convint, » dit le P. Lacordaire, « que
« sa réconciliation solennelle avec l'Église au-
« rait lieu à St-Gilles, selon les formes usitées
« dans ce temps-là. On le vit donc présenter
« ses épaules nues aux verges du légat, aux
« portes de l'abbaye de St-Gilles devant un peu-
« ple immense (1). » Et, circonstance mémorable qui n'a pas échappé au génie de l'illustre historiographe de saint Dominique, « quand il vou-
« lut sortir de l'église, la foule était si pressée
« qu'il ne put faire un pas. On lui ouvrit une
« issue secrète à travers l'église souterraine, et
« il passa devant le tombeau de Pierre de Cas-

(1) 18 Juin 1209.

« telnau (1). » Ses épaules encore découvertes portaient l'empreinte des coups qu'il venait de recevoir. On put croire qu'il faisait amende honorable pour la mort du martyr, et qu'il lui rendait, dans sa dernière demeure, les honneurs qu'il lui avait refusés de son vivant.

Nous n'avons fait qu'indiquer à grands traits les phases principales de cette guerre déclarée par les Albigeois à l'Église de Dieu ; et déjà que d'enseignements en ressortent pour nous convaincre des suites désastreuses qu'elle devait avoir pour le pèlerinage de St-Gilles. En effet, la guerre et ses horreurs sont, dans tous les temps, une cause trop certaine de ruines et de dépopulation. Mais quand elle est suscitée par le fanatisme religieux, — esprit propre aux hérésies, ainsi que le constate l'histoire, — ses terribles effets se font ressentir dans des proportions plus effrayantes. Funestes à la prospérité matérielle, ils le deviennent surtout à la vie des âmes dont l'aliment est la vérité. Il en

---

(1) *Vie de saint Dominique,* chap. v.

fut ainsi pour St-Gilles. Les pèlerins, fuyant le souffle meurtrier de l'erreur, s'éloignèrent de son sanctuaire. Semblable aux voies de Sion, son pèlerinage, devenu désert, pleura l'absence de fils bien-aimés au jour de ses fêtes solennelles.

LA RÉFORME AU XVIe SIÈCLE

On s'étonnera peut-être que la guerre des Albigeois, si désastreuse pour nos contrées du midi de la France, n'ait pas été plus funeste à St-Gilles. Mais Dieu, dont les desseins sont impénétrables, lui réservait dans d'autres temps de plus grandes épreuves.

Le vieux serpent de l'erreur, dit saint Augustin, change de couleur au soleil de chaque siècle. Il s'efforce ainsi par de nouvelles séductions d'accréditer le mensonge et de pervertir les âmes.

Trois siècles étaient à peine écoulés, et déjà une nouvelle doctrine faisait son apparition dans le monde. Enfantée par l'orgueil, elle était soutenue par le souffle des passions, dont elle flattait les instincts pervers : c'était le Protestantisme.

Malgré les ruines amoncelées à St-Gilles par les Albigeois, la foi ne fut jamais éteinte dans les cœurs. La fidélité de ses enfants, la tombe de son glorieux patron, son monastère à jamais célèbre, attestaient la vitalité de cette église. Le nouvel orage allait détruire ce qu'avaient respecté les Manichéens du XIIe siècle.

Excités par les prédications insidieuses des émissaires de Genève et appuyés par le glaive, les Réformateurs ne tardèrent pas à faire ressentir les tristes effets des doctrines qu'ils venaient d'embrasser. Sous le nom spécieux de Réforme ils venaient, comme le sanglier féroce, ravager l'Église, la vigne bien-aimée du Christ et corriger ses abus vrais ou supposés par la destruction.

« Les Religionnaires, » dit Ménard, « n'é-
« pargnèrent pas les églises du voisinage. Les

« trésors qu'elles possédaient furent aussi l'ob-
« jet de leur cupidité. De ce nombre fut, entre
« autres, l'église de St-Gilles. Après s'être em-
« parés de cette ville, ils y firent un ravage
« étonnant. Outre les maux infinis qu'ils
« firent au chapitre, ils détruisirent le couvent
« des Frères Mineurs et celui des Trinitaires.

RELIQUES DE SAINT GILLES TRANSPORTÉES A TOULOUSE

« Le Consistoire de Nîmes, qui étendait son
« autorité sur tous les environs, songea d'abord
« à s'emparer des reliquaires de l'église col-
« légiale de St-Gilles ; mais les chanoines, plus
« jaloux encore de la conservation des reli-
« ques que de celle des châsses, prévinrent
« l'orage et mirent à couvert les reliques de saint
« Gilles. Ils les remirent entre les mains du
« sire de Pouzillac, gentilhomme du pays, dis-
« tingué par sa naissance autant que par sa
« piété. Celui-ci les fit passer secrètement à

« Toulouse et sauva par là du naufrage ce
« précieux dépôt qui y est conservé aujourd'hui
« dans l'église de St-Sernin. » (1)

L'église de Toulouse possède donc les reliques de notre saint patron. Mais cette possession qui remonte seulement à 1562, et non pas au temps des Albigeois, comme l'ont cru quelques historiens, ne vaut pas titre à nos yeux. Ce ne fut pas une cession, encore moins une aliénation. L'église de St-Gilles, en s'adressant à l'antique basilique de St-Sernin, lui disait en lui confiant ses reliques : « Gardez-moi ce dépôt. » Et ce dépôt était d'autant plus sacré, que des raisons de force majeure mettaient l'église de St-Gilles dans la cruelle nécessité de s'en séparer pour un temps.

Qui de nous, en visitant les cryptes célèbres de St-Sernin, ne s'est pas prosterné avec amour devant la châsse où sont renfermées les reliques de St-Gilles. Ah! sans doute, à l'appro-

---

(1) Ménard, *Histoire de Nîmes*, t. IV.

che de ses enfants, ses ossements bénis doivent tressaillir ! Que ne peuvent-ils reposer encore dans cette crypte onze fois séculaire que leur consacra la piété de nos ancêtres !

RECOUVREMENT D'UNE PORTION DES RELIQUES DE SAINT GILLES

Il est vrai, la ville de Toulouse, cédant aux prières des fidèles de St-Gilles, qu'encourageaient les évêques de Nîmes, a bien voulu, à deux reprises, nous rendre une partie des reliques de notre saint patron.

Les premières parcelles, — quelques parties des os du corps de saint Gilles et une de ses dents, — furent apportées dans notre ville en 1817 par M. l'abbé Bonhomme, curé de la paroisse St-Charles de Nîmes, délégué par Mgr Périer, évêque d'Avignon, pour en reconnaître canoniquement l'authenticité et présider à la cérémonie de la translation.

Mais la portion exiguë des reliques accordées

à l'église de Saint-Gilles, ne répondait pas à l'ardeur de sa foi et de sa piété. Au défaut d'une entière restitution, elle désirait au moins une portion notable des reliques de son illustre fondateur.

Depuis cette époque, les évêques de Nîmes mirent tout en œuvre pour satisfaire le vœu si légitime des fidèles de Saint-Gilles. Monseigneur Cart, pendant la longue et cruelle maladie qui devait le ravir à son diocèse, écrivit plusieurs fois à l'archevêque de Toulouse à ce sujet.—
« Je suis tout à fait de votre avis, » lui répon-
« dait l'archevêque, Mgr Mioland, le 13 Dé-
« cembre 1854, « Saint Gilles vous est dû. Si
« cela dépendait de moi, vous l'auriez déjà ;
« mais je n'en suis pas le maître. Curé, fabri-
« que, paroisse, surtout conseil municipal,
« maire, ville: tout cela m'excommunierait, sans
« aucun doute ; sans compter l'émeute et tout
« ce qui s'ensuit. »

Après ces explications, il restait peu d'espoir de réussir. Mais afin de pouvoir se rendre le témoignage de n'avoir rien négligé pour recouvrer ce trésor. Mgr Cart crut devoir recourir au Souverain Pontife. Il lui exposa l'histoire des reliques et de leur translation forcée à Toulouse, les droits des fidèles de Saint-Gilles ; il suppliait le Saint Père d'appuyer de sa suprême approbation la demande qu'il se proposait de réitérer auprès de l'église de Toulouse.

Pie IX daigna, dans cette circonstance, adresser à Mgr Cart, en date du 6 Juin 1855, un bref, où respire la plus grande affection pour l'évêque de Nîmes et son troupeau, comme aussi la plus profonde sympathie pour le projet dont on lui fait part. L'approbation du Saint Père n'est pas douteuse, car l'équité de la demande est souveraine à ses yeux. Sa confiance est donc entière dans les démarches qui de nouveau seront tentées auprès de l'archevêque de Toulouse.

Deux mois après (6 août), Mgr Cart notifiait à l'archevêque de Toulouse cette réponse du Saint Père. Il lui rappelait les instances faites en son nom par Mgr Guibert, alors évêque de Viviers (1), et la promesse de l'archevêque de seconder ses désirs si le Saint Père les ratifiait de son approbation.

Que restait-il à faire pour l'archevêque de Toulouse, sinon de se montrer empressé aux désirs d'un évêque qui lui écrivait ces lignes touchantes : « Ce que je réclame instamment, « en ce moment suprême où mes forces m'ont « abandonné et où il ne me reste plus qu'à « rendre mon âme à mon Dieu, c'est une insi- « gne relique de saint Gilles, dont le retour « dans mon diocèse doit combler les vœux « d'une portion du troupeau qui m'est confié (2). »

Les efforts de Mgr Cart furent perdus pour lui, puisque la mort le ravissait six jours après, (12 Août 1855), à l'affection de ses diocésains.

Il était réservé à son successeur, Mgr Plantier, d'obtenir la relique depuis longtemps dé-

---

(1) Aujourd'hui cardinal archevêque de Paris.

(2) Détails empruntés à la notice historique sur S. Gilles et son culte par M. l'abbé Teissonnier.

sirée et d'en faire la translation solennelle à Saint-Gilles, le 27 juillet 1862.

Une châsse magnifique, destinée à recevoir le précieux trésor, avait été offerte par la fabrique et les pieux fidèles. Une grande fête, organisée par les soins du curé de la paroisse, M. l'abbé Corrieux (1), fut célébrée au milieu de l'enthousiasme indescriptible d'une population heureuse de retrouver dans ces reliques le souvenir d'un père bien-aimé et d'un puissant protecteur.

On nous saura gré, sans doute, d'avoir anticipé sur l'ordre chronologique des faits pour apprendre à nos lecteurs l'histoire des reliques de saint Gilles. Hâtons-nous, maintenant, de reprendre le récit des malheurs et des épreuves qui devaient, longtemps encore, se prolonger pour nous.

MASSACRE DES PRÊTRES ET DES CLERCS

On le comprendra sans peine, l'éloignement

---

(1) Aujourd'hui vicaire-général honoraire et archiprêtre de la cathédrale de Nîmes.

forcé des reliques de saint Gillles devait être le signe avant-coureur des calamités qui allaient fondre sur la cité et son antique sanctuaire. Le 27 Septembre 1562, à la suite d'une victoire remportée à Saint-Gilles sur les troupes accourues de la Provence et commandées par les comtes de Suze et de Sommerives, les Protestants entreprirent de ruiner le catholicisme dans cette ville. Les traditions du pays nous apprennent que l'armée victorieuse fit son entrée à Saint-Gilles au moment où la population réunie dans l'église chantait l'office des vêpres. En pareille circonstance, comme toujours, les victimes étaient désignées par avance. Elles devaient être choisies parmi les prêtres et les pieux fidèles.

« En ce jour, » lisons-nous dans les fastes ecclésiastiques de la religion réformée, « la
« ville de Saint-Gilles fut mise au pillage, les
« prêtres égorgés et jetés dans le puits qui est
« joignant l'église intérieure ; les enfants de
« chœur précipités dans le même puits, chan-

MASSACRE DES PRÊTRES ET DES CLERCS 57

« tant: *Christe, Fili Dei vivi, miserere no-*
« *bis.* (1). » Trois siècles après, on reconnaît encore aux parois de la partie supérieure du puits les longues traces de leur sang. Puisse le sacrifice de ces victimes innocentes, dont la voie crie miséricorde, obtenir le pardon des bourreaux, la fin de nos discordes et la réunion de tous, selon le vœu le plus ardent du Christ, *en un seul troupeau sous la houlette du même pasteur*! (2)

Il serait injuste de dire que les Religionnaires usaient de représailles. Ce ne fut pas là malheureusement un fait isolé, puisque nous lisons dans l'histoire de l'église de Nîmes par Germain : « Trois cents églises principales dé-
« molies, quatre mille sacristies pillées, un
« nombre infini de prêtres et de religieux mas-
» sacrés, quatre batailles données contre leur
« souverain et l'État exposé en proie aux étran-
« gers ont été les effets pacifiques de la pa-

---

(1) *Calendrier des Psaumes,* 27 sept. 1562.
(2) *Et erit unum ovile et unus pastor.* Joan. x, 16.

« tience de ces prétendus persécutés. Il n'y a
« proprement que la religion catholique qu'on
« peut dire véritablement persécutée, non-seu-
« lement en Europe, mais dans toutes les
« parties du monde ; et encore aujourd'hui il
« n'y a que les catholiques qui prêchent l'E-
« vangile à la Chine, au travers de mille contra-
« dictions et fatigues, sans cesse exposés aux
« souffrances et au martyre (1). »

DESTRUCTION DE LA BASILIQUE

Nous ne raconterons pas ici les longs et douloureux détails relatifs à la ruine de l'église abbatiale de Saint-Gilles. Qu'il nous suffise de dire que la ville fut assiégée, prise et reprise en 1562, 1567, 1570, 1574, 1575. (2) Comment exprimer l'état déplorable des catholiques durant ces tristes jours ! Les églises et les maisons des chanoines furent incendiées et dé-

(1) Germain. *Histoire de l'Église de Nîmes*. Tom. II, pag. 222.
(2) *Histoire du Languedoc*. Tom. V.

molies (1). L'église abbatiale, on le comprend, ne dut pas échapper à la fureur des Religionnaires. Les grands souvenirs religieux de l'histoire qu'elle rappelait, dans son incomparable majesté, la recommandaient assez aux coups de ces modernes Vandales. Mais d'une part la solidité exceptionnelle de ses murs, et, de l'autre, le refuge assuré qu'elle offrait à ses nouveaux maîtres devraient la conserver quelques années encore. Durant une période de près de quatre-vingts ans, pendant laquelle l'église demeura au pouvoir des Réformateurs, quelle succession de violences, de mutilations, avant d'arriver à une ruine complète !

En 1610, M. de Haupoul, délégué par le Parlement de Toulouse, en qualité de commissaire-expert, constate que « cette église offre « d'immenses ruines, qu'elle est découverte et « que toutes les voûtes de dessus sont rompues « et ruinées (2). »

(1) Ménard, *Histoire de Nîmes*, t. v. p. 41.
(2) *Notice historique sur saint Gilles et son culte*, par M. Teissonnier p. 174, 175.

DESTRUCTION DE LA BASILIQUE

Il existait du côté du midi un grand clocher. Un chef des Religionnaires, Abdias de Chaumont, seigneur de Bertichères, se maintint fort longtemps dans cette position formidable, d'où il exerçait sur les catholiques la plus détestable tyrannie (2).

Il est remplacé par de Roise, que nous trouvons encore en possession du fort de St-Gilles en 1622, lorsque Henri de Rohan, un des premiers chefs du parti, lui ordonna de démolir ce fort et de raser jusqu'à terre le vieux bâtiment de l'église. (2)

L'histoire nous représente les bandes de démolisseurs arrivés de Sommières et de Marsillargues, s'appliquant avec un zèle digne d'une meilleure cause, à consommer leur œuvre de vandalisme.

Le pouvoir leur échappa enfin, mais trop tard pour notre célèbre et malheureuse église.

---

(1) *Etude historique sur saint Gilles et son culte*, par M. Teissonnier, p. 174, 175.

(3) Ménard, *Histoire de Nîmes*, t. v, p. 458.

Démantelée en grande partie, privée du magnifique clocher romano-bysantin qui faisait, avec sa vis, le pendant de la fameuse vis qui subsiste encore, les pans de voûte et le clocher que M. de Haupoul avait trouvés droits étaient démolis. Il ne restait plus alors que la crypte, dont le tombeau avait disparu, une voûte d'une portion d'un ancien bas-côté envisageant le nord, des arceaux surmontant encore les imposantes ruines du chœur, enfin l'incomparable façade avec ses figures d'apôtres, ses dentelures et arabesques, ses chapiteaux et ses lions, que d'autres mains barbares se plairont bientôt à outrager.

Autrefois tristement penché sur les remparts détruits de Jérusalem, sa patrie, et de son temple renversé, le prophète des douleurs exhalait sa plainte en ardentes prières et en longs cris de désolation, appelant des jours plus heureux pour ce sanctuaire profané. Tels durent être les sentiments des cœurs chrétiens à la vue de l'église de St-Gilles indignement mutilée, de ce monastère illustre, de toutes ces fondations pieuses qui formaient autour de l'abbaye comme une couronne de gloire et d'honneur, et dont il restait à peine quelques ruines.

Le moment n'est pas venu encore de saluer sa résurrection. Tertullien disait en parlant du martyre : « Le soldat du Christ renversé dans l'arène subit mille tortures, est accablé par les coups mille fois répétés de ses tyrans persécuteurs, mais on ne lui fait pas une blessure qui ne le couvre d'une palme, on ne répand pas une goutte de son sang qui ne soit voilée par une couronne ; le nombre de ses victoires l'emporte sur les violences de ses ennemis. » O église de St-Gilles, que ne puis-je t'appliquer ces paroles d'un grand écrivain des premiers siècles ! Mais non, tu n'as pas livré encore tes derniers combats ; ton front mutilé est réservé à de plus tristes dégradations ; avant l'heure de ta résurrection glorieuse, de nouveaux outrages t'attendent !

LES RÉVOLUTIONNAIRES A SAINT-GILLES

De l'antique basilique de St-Gilles il ne restait plus que sa grande et magnifique façade, conservée dans un état de parfaite intégrité. Elle avait résisté aux efforts terribles des Albigeois ; les Réformateurs du XVI° siècle l'avaient respectée, faisant pour elle une exception, dont l'histoire cependant ne leur doit aucun compte : elle est obligée de constater que le temps leur manqua et non la volonté. Le nouvel orage qui grondait sur la France devait achever l'œuvre de destruction.

Héritière de la haine de toutes les hérésies contre le Christ et son Église, la Révolution allait renchérir sur le vandalisme des siècles précédents. Plus coupable que ses devancières, elle devait porter une main sacrilége sur la basilique de St-Gilles déjà si tristement éprouvée.

A sa voix, le marteau des démolisseurs se lève encore contre le monument. Les statues qui décorent sa façade sont profanées et mises en pièces. Les saintes images de la Passion du Sauveur, de la Sainte Vierge et des Saints subissent le même sort.

La crypte et ses dépendances sont livrées à des usages profanes ; toutes les richesses artistiques que l'église de St-Gilles avait acquises par la générosité des fidèles et ses propres ressources, sont impitoyablement livrées aux flammes. Une main pieuse a tracé sur un des arceaux de la crypte le récit de ces actes de honteux vandalisme. L'inscription est ainsi conçue : « *Les siècles à venir sauront qu'en 1793, l'é-* « *glise ci-dessus fut totalement ravagée et* « *toutes les saintes imagee brûlées sur la* « *place.* »

Dans cet affreux cataclysme, il est aisé de comprendre que le pèlerinage de St-Gilles dut éprouver un dernier et suprême contre-coup. Désormais le silence des tombeaux va régner dans la crypte sainte, tandis que dans l'église supérieure s'accompliront les honteuses saturnales d'un culte inspiré par l'enfer et contre lequel proteste la raison indignée.

Qui ne souhaiterait à l'Église ces « *jours anciens* (1) » dont parle l'Ecriture, pendant lesquels il lui était permis d'exercer sa douce influence sur les peuples soumis à son autorité ? Alors comblée des biens de la terre, forte de la protection des rois, elle usait de ses richesses pour soulager les pauvres et pour bâtir des sanctuaires dignes de la gloire et de la grandeur de Dieu. Mais on lui dispute aujourd'hui, avec ses droits et sa liberté, les humbles ressources qui suffisent à peine à l'honneur de son culte et au soulagement des membres souffrants de Jésus-Christ. C'est que l'Église doit être jusqu'à la fin l'Église des combats. Mais Dieu, dans sa miséricorde, lui réserve par intervalle des jours de gloire et de triomphe. Elle se repose alors dans la paix et se réjouit dans la résurrection de ses œuvres. La découverte inespérée du tombeau de saint Gilles doit nous faire assister à une de ces heures d'ineffable consolation.

---

(1) *Rememoramini pristinos dies*, Hæb. x, 32.

CHAPITRE QUATRIÈME

DÉCOUVERTE DU TOMBEAU DE SAINT GILLES
RÉSURRECTION DES PÈLERINAGES

> *Tu cognovisti sessionem meam et resurrectionem meam.*
>
> Vous avez connu, Seigneur, l'heure de mon abaissement et l'heure de ma résurrection.
>
> Ps. cxxxviii, 2.

HISTOIRE DE LA DÉCOUVERTE

Malgré la tempête qui, tant de fois, s'était abattue sur saint Gilles et son monastère, la crypte restait debout, dans un état de parfaite conservation. Elle avait perdu cependant son plus riche trésor : le tombeau et les précieuses reliques qu'il renfermait, avaient depuis longtemps disparu.

Mais ce monument de la foi et de la piété de nos pères envers l'illustre solitaire de la vallée Flavienne allait-il être voué pour jamais à l'oubli ? Pour la crypte de saint Gilles comme pour le Calvaire, les splendeurs d'une résurrection glorieuse ne devaient-elles pas succéder aux douleurs de la mort, aux humiliations du Prétoire ?

Écoutons à ce sujet les accents émus de Mgr Plantier racontant à ses diocésains l'histoire de la découverte du tombeau de Saint-Gilles. On croirait entendre saint Ambroise redisant aux fidèles de Milan l'invention des reliques des saints Gervais et Protais, qu'il avait retrouvées dans « *l'ardeur d'un pressentiment prophéti-*
« *que.* »

DÉCOUVERTE DU TOMBEAU DE SAINT GILLES

« Notre incomparable basilique de Saint-

« Gilles avait possédé, dans des siècles anté-
« rieure, le tombeau de l'immortel solitaire dont
« elle portait le nom. Mais ce sépulcre avait
« disparu depuis le XVIe siècle, si funeste à
« tant de monuments sacrés dans nos provin-
« ces. Avait-il été détruit par le fanatisme de
« la Réforme? avait-il été caché dans quelque
« abri tutélaire par la piété des fidèles ? Ques-
« tions auxquelles les annales écrites et les tra-
« ditions locales refusaient de répondre. Mais
« un jour vint, où Dieu daigna faire une grâce :
« *Dominus gratiam dedit.* » A peine installé
« dans cette paroisse comme curé, M. l'abbé
« Goubier sentit en son cœur je ne sais quoi
« qui ressemblait au secret présage de saint
« Ambroise : « *Ardor præsagii.* » Un instinct
« mystérieux le poussa, comme malgré lui, à
« faire commencer des fouilles dans l'église
« souterraine de Saint-Gilles et sur un point
« désigné. Ingrates d'abord, ces recherches ne
« tardèrent pas à combler de joie celui qui les
« avait entreprises. Sous d'énormes ruines en-

« tassées dans un intelligent désordre, le pic
« du travailleur fit résonner un tombeau (1).
« A ce bruit sourd mais révélateur, un doux
« frisson court dans les veines. On arrive au
« sépulcre d'où il est parti; nulle inscription ne
« se montre au regard inquiet qui l'interroge;
« mais on retourne bientôt la pierre qui le re-
« couvre. O bonheur! des lettres grossières,
« mais dont la date et la véracité sont attestées
« par leur grossièreté même, annoncent que
« c'est là que repose le corps de saint Ægi-
« dius (2). A l'instant, sur notre appel, une
« commission formée d'hommes aussi compé-
« tents qu'honorables étudie ce monument avec
« autant de conscience que de lumière ; et les
« conclusions de son travail proclament bientôt
« avec fermeté que cette tombe est très-authen-
« tiquement celle du grand solitaire.

(1) 29 août 1865.
(2) Voici l'inscription gravée sur le tombeau :
      IN. H. TVML. Q. C.
      B. ÆGD.

DU TOMBEAU DE SAINT GILLES

« Mais cette tombe n'était pas entièrement vide.
« De nombreux débris d'ossements y reposaient
« encore. Il s'agissait de savoir s'ils avaient
« appartenu au corps du saint abbé. Pour
« éclaircir ce point de fait, nous avons sollicité
« la nomenclature des reliques de Saint-Gilles,
« dont Toulouse est en possession. Monsei-
« gneur l'archevêque a daigné nous envoyer cet
« inventaire, muni du sceau de l'archevêché.
« Deux médecins ont comparé cette énuméra-
« tion, soit avec les os que nous possédions
« déjà, soit avec ceux que nous avons décou-
« verts dans le sépulcre nouvellement retrouvé ;
« rien ne se répétait, et tout coïncidait à mer-
« veille. Prenant ensuite l'histoire, nous nous
« sommes rendu compte des parcelles de reli-
« ques emportées autrefois chez divers peuples
« par la piété des pèlerins ; aucun doute n'est
« sorti de là pour nous empêcher de regarder
« comme authentiques celles que la Providence
« venait, après trois siècles de disparition, de
« ramener sous nos yeux.... Nous n'hésitons

« plus à déclarer que le tombeau découvert est
« le tombeau de Saint-Gilles, que les fragments
« d'os contenus dans ce sépulcre ont fait partie
« du corps du saint abbé ; que cette tombe et
« les reliques dont elle est dépositaire ont droit
« à retrouver les honneurs de la vénération
« publique, et que, pour les signaler à cette dé-
« votion populaire, dont nous les estimons di-
« gnes, nous autorisons pour le 22 octobre
« (1867) la célébration d'une cérémonie triom-
« phale dans cette crypte, où leur gloire, si
« longtemps évanouie, vient de reparaître (1). »

RESTAURATION DE LA CRYPTE

Le tombeau découvert, il fallait rendre à la crypte quelque chose de cette beauté, ou tout au moins de cet air de décence et de propreté qu'elle avait perdu dans la disparition du tom-

---

(1) Lettre pastorale de Mgr l'évêque de Nîmes, sur la découverte du tombeau de S. Gilles. Octobre 1867.

beau. Un grand travail de réparation allait donc commencer.

Deux choses étaient nécessaires : un zèle ardent et soutenu, une direction intelligente qui disposerait de ressources proportionnées à la grandeur de l'œuvre.

Dieu avait suscité pour cette restauration difficile deux hommes capables de la mener à bonne fin. Le premier, nous l'avons nommé, était le curé de la paroisse, M. l'abbé Goubier. On le verra consacrer à ce travail de réédification tout le zèle de son âme ardente et les talents précieux que le ciel lui avait départis. Le second, M. Révoil, architecte des monuments historiques, dirigera sans défaillir jamais, au milieu de difficultés sans nombre, les travaux délicats imposés à sa science et à son dévouement. Une subvention spéciale, ajoutée aux subsides de la fabrique, par M. le préfet du Gard, seront les premières ressources employées à cette réparation majeure.

Laissons le digne et bien-aimé curé redire à ses

paroissiens, dans ce langage que lui inspira toujours et la distinction de son intelligence et la noblesse de son cœur, les détails intéressants de cette grande œuvre.

« Au sud du vieux temple et non loin de la
« porte du cloître, une large pierre romaine re-
« couvrait le puits tristement fameux dans l'his-
« toire du XVIe siècle. Objet plein d'intérêt,
« surtout comme souvenir traditionnel du voi-
« sinage de la grotte de Saint-Gilles, qui, sans
« doute, usait de ses eaux, ce puits, fermé de-
« puis plus de trois siècles, ne pouvait toujours
« demeurer voué à l'anathème de l'oubli. Nous
« voulûmes qu'il fût ouvert; c'était le 1er octo-
« bre 1864. Un amas de décombres l'obstruaient
« dans une profondeur de plus de sept mètres;
« et il fut consolant depuis de voir les fidèles
« recourir à cette eau sanctifiée par le sang des
« martyrs et d'en entendre louer la salutaire
« bienfaisance.

« Plus tard, une transformation sensible s'o-
« pérait dans la crypte, et la vie semblait y re-

« naître radieuse comme aux jours de ses an-
« tiques fêtes. Nous ne devons pas oublier que
« Dieu l'ayant destinée à être le théâtre de cé-
« lèbres immolations, et plus tard la religion
« de nos pères l'ayant convertie en cimetière, elle
« devait toujours garder le caractère solennelle-
« ment grave et lugubre de son passé. . . . .

. . . .

« Or une première cérémonie sous ces voû-
« tes sépulcrales, avant l'heure d'une consécra-
« tion définitive au culte des morts, que pou-
« vait-elle être sinon l'office des trépassés (1)?.. »

Mais les événements providentiels accomplis dans la crypte et que nous avons racontés au commencement de ce chapitre, appelaient une transformation plus complète. Il s'agissait de remettre le tombeau en lumière et d'en faire la clef de voûte de l'édifice entier.

Les fouilles étant comblées et les plans défi-

---

(1) Mémoires aux fidèles de Saint-Gilles sur les travaux qui ont amené la découverte du tombeau de leur saint patron.

nitivement adoptés, on se mit à réparer avec un art admirable les voûtes, les arcs-doubleaux, les piliers et les corniches maltraités par les démolisseurs de diverses époques. On a dit, sans doute avec raison, qu'il était entré dans ce travail difficile autant de matériaux qu'il en faudrait pour édifier une église spacieuse.

Une chapelle rappelant les Confessions des basiliques romaines, fut creusée dans la cavité du saint tombeau. Un pavé en mosaïque y fut placé, et une grille, semblable à celles que l'on voit autour des plus beaux monuments de ce genre dans la capitale du monde chrétien, se dressa autour du sépulcre. Des candélabres à treize branches en surmontent les quatre angles. Les pieux fidèles aimeront, dans les jours de solennités, à les orner de flambeaux, touchant symbole de leur foi et de leur amour pour le grand saint Gilles.

A la tête du tombeau, on remarque un autel antique : c'est celui sur lequel le saint anachorète disait la messe. De l'autel on peut monter dans l'ancien chœur, où se célèbrent, à certaines époques de l'année, les offices solennels établis en l'honneur de la découverte glorieuse du tombeau, et pendant l'octave des morts.

Cinq fenêtres surbaissées et d'une harmonie parfaite avec le reste de l'édifice donnent une lumière douce à l'église souterraine.

On n'a garde d'oublier, en visitant la crypte, cet escalier à pente douce par lequel les moines descendaient de l'église haute pour célébrer l'office canonial (1).

Derrière l'escalier ont été recueillies en grande partie les pierres amoncelées sur le saint tombeau et que l'on peut appeler des pierres précieuses. Voici déja un monolithe en pierre froide ; à la suite nn sarcophage en marbre blanc, avec des sculptures d'une grande beauté représentant l'entrée des rois Mages à Jérusalem ; il est du IVe siècle. Puis apparaissent

---

(1) Extrait de l'*Histoire de l'invention du tombeau de saint Gilles,* par M. J.-M. Trichaud.

successivement des débris d'anciennes chapelles, colonnes, chapiteaux, corniches, frises, figurines, etc. etc. On les croit des restes de la basilique supérieure.

Si nous rapprochons de ce tableau le triste état de la crypte avant ces réparations majeures et si nécessaires, nous serons bien forcés de nous écrier : « *Digitus Dei est hic,* » le doigt de Dieu est ici. La main de l'homme s'était déshonorée en défigurant l'œuvre sainte des âges de foi ; la main du Seigneur s'est révélée dans sa force et dans sa bonté : elle a donné au monument sacré une seconde vie et l'a fait sortir de ses ruines. Hier encore, c'était en tremblant que le visiteur s'aventurait sous ces voûtes sombres, rendez-vous infect des oiseaux nocturnes ; aujourd'hui en élevant les regards vers ces voûtes transfigurées, on croit voir une tente splendide dressée sur la tête du voyageur pour le protéger contre les feux ardents du soleil. Hier on ne respirait dans ces lieux abandonnés que les exhalaisons d'une humidité malsaine; aujourd'hui l'encens du sacrifice s'unit au parfum plus précieux de la prière des fidèles et du pasteur, pour offrir à l'âme chrétienne comme une émanation du ciel.

RÉSURRECTION DES PÈLERINAGES

Ne soyons donc pas surpris qu'une ère nouvelle s'ouvre pour cette crypte et ce tombeau onze fois séculaires. Les hérésies et les révolutions ont pu défigurer le marbre, briser les inscriptions, remplir les puits de victimes innocentes et pures : jamais elles n'ont pu complétement effacer de la mémoire des cœurs ce que Dieu y avait écrit par la vie de ses Saints. Nous nous écrierons ici avec Lacordaire : « Ce « qui est gravé sur l'autel par le culte et dans « le cœur par la prière, dure plus que le mar- « bre et que l'airain; et les rois qui n'ont que « l'histoire pour vivre, ont assurément moins « que ne donne à leurs apôtres l'âme des géné- « rations. » (1)

(1) *Sainte Marie Madeleine*, page 146.

Mgr Plantier, dans son remarquable mandement cité plus haut, avait surtout émis le vœu que la chaîne brisée des pèlerinages antiques au tombeau de saint Gilles, fût renouée par la découverte presque miraculeuse de ce même tombeau.

« Verrons-nous, » s'écriait l'illustre prélat, « un avenir stérile succéder à un passé si fé-
« cond ? Ce sépulcre n'aura-t-il été rendu à
« nos hommages que pour être solennellement
« convaincu d'impuissance ?........ C'était au-
« trefois une source de résurrection et de vie
« qui jaillissait de cette pierre sur laquelle pla-
« nait l'ombre du grand anachorète, et ceux
« qu'il avait réjouis par des prodiges s'en re-
« tournaient dans leur patrie par tous les che-
« mins du globe, chantant en l'honneur de saint
« Ægidius des hymnes de reconnaissance et
« d'admiration. »

Votre parole sera entendue, ô saint Pontife ; et le pèlerinage de St-Gilles, dont vous avez rouvert les voies par votre éloquence et votre exemple, deviendra de nouveau pour notre Saint une cause de gloire, et pour vos enfants, un principe d'édification et de ferveur.

Mgr Plantier voulut être le premier pèlerin de la crypte restaurée et se placer ainsi à la tête des foules pieuses qui viendront désormais s'agenouiller auprès du glorieux tombeau.

INAUGURATION SOLENNELLE DE LA DÉCOUVERTE DU TOMBEAU

C'était le 22 octobre 1867, l'heure de triomphe avait sonné ; le sépulcre sacré allait retrouver les honneurs d'un culte public.

Les évêques de Nîmes et de Digne arrivaient à St-Gilles, au milieu des acclamations et des cris de joie de la population. Les rues avaient été transformées en longues et fraîches galeries de verdure. Les cloches lancent dans les airs leurs plus joyeuses volées, tandis que les prêtres, arrivant de toutes les avenues, se groupent autour de Mgr de Nîmes, qui va consacrer le nouvel autel de la crypte.

Après cette première cérémonie, une grand-messe pontificale fut célébrée à l'autel supérieur par l'évêque de Digne, Mgr Meirieu, que la ville de St-Gilles compte avec orgueil au nombre de ses plus illustres enfants.

Le soir aux vêpres, Mgr de Cabrières, aujourd'hui évêque de Montpellier, alors vicaire-général de Nîmes monta en chaire, et, pendant quelques instants trop courts, tint sous le charme de sa parole sympathique l'immense auditoire qui remplissait la crypte.

Nous ne disons rien de cette magnifique procession qui se déroula après les vêpres à travers nos rues admirablement décorées, de cette façade de la basilique dessinée par des milliers de lumières. Ce qu'on n'oubliera jamais, c'est cet instant solennel où, du haut d'un autel splendidement orné et s'élevant sous la porte principale, la bénédiction du T.-S. Sacrement fut donnée à cette foule recueillie qui refluait au loin dans les rues adjacentes. (1)

(1) *Extrait de la Semaine religieuse de Nîmes*, 27 octobre 1867.

« Quelques jours après, à l'issue des vêpres, Mgr de Digne procédait à la cérémonie de la déposition dans le tombeau des reliques qui en avaient été extraites lors de la découverte. Une allocution appropriée à la circonstance fut prononcée par l'éminent prélat.

En descendant de chaire, le pontife, revêtu de la chape et portant la mitre sur la tête, s'est dirigé vers l'autel provisoire sur lequel les restes sacrés de saint Gilles reposaient depuis le matin. Les prenant ensuite avec une piété touchante, sa Grandeur vint se placer devant le tombeau déjà ouvert.

Dès qu'elle s'est inclinée dans l'enceinte grillée pour déposer la boîte en plomb scellée par Mgr Plantier, il s'est produit au sein de la foule un tel frémissement de bonheur, que, n'était le respect imposé par la majesté de la cérémonie, l'ardeur de sa foi eût éclaté en transports. Aussitôt tous les enfants infirmes sont déposés sur la pierre qui venait de dérober les reliques du saint patron aux regards de la foule. Les sanglots, jusques-là comprimés, faisaient explosion et les larmes coulaient de tous les yeux (1). »

De si beaux commencements devaient être couronnés de succès. Depuis lors, chaque année, le jour anniversaire de la découverte du tombeau conduisit à St-Gilles de nombreux pèlerins. C'est d'abord la paroisse de Vauvert, puis celle de Valabrègues, sous la direction de son curé, M. l'abbé Bieau, enfant de St-Gilles ; plus tard ce sont les membres de l'Œuvre du suffrage de Nîmes, ayant à leur tête le zélé directeur de l'Œuvre et les Religieux de l'Assomption avec une partie de leurs élèves.

NOUVELLES TRISTESSES

Mais quelques mois après, l'église de St-Gilles devenait veuve. Une mort prématurée venait frapper son pasteur, le digne et regretté M. Goubier. Il avait restauré la crypte après lui avoir rendu son plus précieux trésor. « *Le*

(1) Extrait des notes de M. l'abbé Goubier.

zèle de la maison du Seigneur l'avait dévoré. » Dieu trouva ses jours remplis et se hâta de l'appeler à lui pour le récompenser (1).

Un successeur, digne de recueillir ce riche héritage, lui fut donné (2). La mort vint de nouveau frapper à ce presbytère, et ses coups, plus imprévus encore, ravirent à ce troupeau doublement désolé un pasteur que ses enfants connurent à peine, tant fut rapide son passage au milieu d'eux.

Ce voile de deuil jeté à deux reprises sur la paroisse de St-Gilles, retarda pour un temps l'élan des pèlerinages.

L'ESPÉRANCE RENAÎT

Un troisième curé est nommé. Il se montre désireux de continuer l'œuvre de ses devan-

---

(1) 1ᵉʳ mai 1872. Ses restes ont été déposés dans la crypte devant la Confession de saint Gilles. En face, depuis près d'un demi siècle, se trouve la tombe d'un autre curé de St-Gilles, M. Dorthe, dont la mémoire vivra éternellement bénie au sein de la population.

(2) M. l'abbé Bastien, décédé le 25 juin 1873.

ciers. Le ciel, après des jours de tristesse, semble vouloir bénir ses efforts. De précieux encouragements lui viennent en aide. M. Baudon, président des Conférences de St-Vincent-de-Paul, en France, veut bien, à l'occasion du rétablissement de la Conférence à St-Gilles, recommander notre pèlerinage aux membres de cette association éminemment catholique. (1)

L'organe officiel des pèlerinages en France, (2) rappelle aux pèlerins des saints lieux le souvenir des Croisés, qui s'arrêtaient au tombeau de saint Gilles avant de partir pour la terre sainte ; il fait connaître les titres qu'offre encore à leur dévotion cette tombe d'un humble solitaire auprès de laquelle tant de grandeurs vinrent se prosterner autrefois.

Ces éloges décernés au pèlerinage de St-Gilles par des voix aussi autorisées, produisirent d'heureux résultats.

(1) *Bulletin des Conférences de St-Vincent-de-Paul*, juin 1876.

(2) *Le Pèlerin*, n° du 11 mars 1876.

PÈLERINAGES

Déjà, le 29 août 1873, huitième anniversaire de la découverte du tombeau, M. l'archiprêtre d'Arles, curé de St-Trophime, arrivait à St-Gilles accompagné de sa maîtrise et d'un clergé nombreux et prêtait son honorable concours à la fête. Une messe était exécutée par les hommes et les enfants de St-Trophime. Le soir, dans un éloquent discours, M. l'archiprêtre montrait l'alliance qui avait uni, dès les premiers siècles, les deux églises de St-Gilles et d'Arles, alliance qui allait toujours se fortifiant, malgré le cours des âges et des révolutions.

L'année suivante, les fêtes de St-Gilles étaient rehaussées par la présence du Révérendissime Père Edmond, abbé des Prémontrés. Fils dévoué de saint Norbert, qui, lui aussi, avait visité St-Gilles et son antique basilique, il venait, à la tête de sa communauté, accomplir un pèlerinage précieux à son cœur.

On vit plus tard un grand nombre de pèlerins de Cette, conduits par l'infatigable curé de St-Louis. M. l'abbé Gaffino, pèlerin des saints lieux, rendre au tombeau de saint Gilles les hommages de leur pieux respect et de leur ardent amour.

Une année n'était pas encore écoulée et la même ville de Cette offrait une seconde fois ce consolant spectacle.

Tous les ans les nombreux fidèles qui accourent du fond de la Provence, lors des fêtes des Saintes-Maries-de-la-mer, font une halte à St-Gilles pour y vénérer le saint tombeau.

PÈLERINS DIVERS

A côté de ces pélerinages accomplis par les foules, que de noms recommandables n'aurions-nous pas à mentionner ici ! Pélerins isolés, il est vrai, touristes ignorés, mais unissant, pour la plupart, à leur foi dans l'intercession du grand Saint, l'amour passionné de l'art chrétien et une vive admiration pour les restes mutilés de l'antique basilique.

Qu'il nous soit permis d'en citer quelques-uns : les familles de Fitz-James, de Turenne, de Bonald, Sabatier d'Expeyrem, de Champié, de Jonquières, de Pontmartin, d'Estienne, de Roubin, de Cray, de Monteynard, de Surville, Benoît d'Azy, de Champvans, ancien préfet du Gard ; MM. de Pélerin, magistrat ; Belin avocat à Lyon et Mme Belin, née Ranquet ; M. le juge Rigot, le vice-président Bernault, le commandant Derancourt, le colonel Ritter, le général Courty. M. et Mme de Lascour, M. et Mme de Brissac, M. et Mme Henri d'Éverlange, M. Coulondres, juge de paix à Villeneuve, les docteurs Dugas, Béchet et Combal, MM. P. et E. de Vaulx, Charles de Raymond-Cahusac, sous-préfet d'Aix, Gignoux adjoint au maire de Nîmes, président de l'académie du Gard ; M. le baron de Calvières, dont le nom vénéré rappelle à nos cœurs émus, un fils héritier de son nom et de ses nobles qualités, Jules-Arthur de Nogaret de Calvières, capitaine d'état-major, officier de la légion d'honneur. On le vit plusieurs fois agenouillé, pèlerin pieux, sur les dalles sacrées de notre sanctuaire. Il était de la race de ces hommes qui aspirent, dès le printemps de leur vie, aux plus héroïques sacrifices. Dieu exauça ses vœux. Tout jeune encore, il tombait victime de son dévouement sur le champ d'honneur (1). Quelques jours après, devant ses restes inanimés, le pays tout entier unissait sa douleur à celle de son père inconsolable, et la voix éloquente du vicaire-général de Mgr Plantier, M. l'abbé de Cabrières, (2) exaltait le courage du héros en louant les vertus du chrétien.

A ces noms nous devons ajouter ceux de MM. les chanoines de Serres et Gilly, l'abbé de Villeperdrix, MM. les curés de la Madeleine et de St-Augustin à Paris, Peytié, vicaire-général d'Avignon; MM. Léon d'Everlange, curé d'Anduze, Lempereur, curé d'Aimargues, Gus-

---

(1) 18 avril 1871.
(2) Aujourd'hui Évêque de Montpellier.

tave Contestin, docteur en théologie, professeur de philosophie. Mais le pèlerin que nous ne saurions oublier ici, c'est Mgr Plantier, l'illustre évêque de Nîmes. Quelques jours à peine le séparaient de la mort, et on le vit, malgré son état de faiblesse extrême, descendre dans la crypte et se prosterner devant ce tombeau dont il avait inauguré la découverte presque miraculeuse et redit les gloires impérissables dans l'admirable lettre pastorale que nous avons citée plusieurs fois. C'était le 11 mai 1875; le 25, Monseigneur rendait sa belle âme à Dieu.

Après le nom de notre évêque regretté, nous sommes heureux de placer celui de Mgr Caixal, évêque d'Urgel. Son nom rappelle le dévouement le plus héroïque à la défense d'une sainte et noble cause : Dieu et le Roi. Mgr d'Urgel est animé d'une tendre dévotion envers saint Gilles, qui est honoré d'un culte particulier dans le sanctuaire de N.-D. de la Nuria, en Espagne.

La population était fière de voir à côté du

grand-aumônier des armées de Charles VII, l'évêque de Montpellier, Mgr de Cabrières, si cher à notre cité, par les souvenirs qu'il a laissés au milieu de nous.

Deux Frères de l'ordre de St-Dominique, les PP. de Pascal et Guillermin, accompagnaient les deux prélats dans ce pieux pèlerinage.

EMBELLISSEMENT DE L'ÉGLISE SUPÉRIEURE

Tandis que la crypte et son tombeau recevaient les témoignages d'un empressement unanime, l'église supérieure héritait d'une part non moins précieuse des mêmes hommages de dévouement généreux.

Onze fenêtres, aveuglées sans doute par un principe de déplorable économie, ont été remises en lumière. De riches verrières dues, en partie, à la piété des familles chrétiennes de la paroisse, rappellent, avec la générosité des donateurs, la vie et les exemples de Jésus-Christ, le roi des Saints, de sa Mère Immaculée, de saint

Gilles et des principaux Saints depuis des siècles en vénération dans la paroisse. Des statues monumentales embellissaient le chœur, pendant que se dressaient dans la crypte, à côté du tombeau de saint Gilles, les deux figures les plus illustres et les plus chères à notre cité : nous avons nommé saint Louis et Clément IV.

PÈLERINS ÉTRANGERS

Cet élan religieux, en faveur de la basilique de St-Gilles sera partagé par les chrétiens des pays les plus éloignés.

Chaque jour amène dans notre crypte de nombreux anglais. Qu'il nous soit permis de citer M. et Mme John Archer Honblon, le noble possesseur du château d'Hallingbury, près Stortford, dont l'église est dédiée à saint Gilles, Henri Bryd, professeur au collége d'Oxford, Mlles Helen Taylor et Helen de Zoëte.

ENCORE LA BELGIQUE ET L'ANGLETERRE

Nous avions pu nous rendre compte, par les

visites des pèlerins venus de lointaines régions à St-Gilles, des sentiments qui animaient leur cœur pour notre grand patron. Nous les voyions s'unir aux accents d'une prière commune à laquelle nous les avions conviés. Ils croyaient retrouver, devant le tombeau de saint Gilles, la patrie qu'ils avaient quittée, et, avec elle, les symboles du même culte, les images du même saint que leur avaient légués leurs aïeux.

Des témoignages non moins consolants nous arrivaient aussi des extrémités de l'Angleterre et de la Belgique. Ils nous prouvaient d'une manière certaine la vitalité du culte de saint Gilles dans ces contrées.

Un jour il nous fut donné de faire par nous-même, la douce expérience de la réalité de ces sentiments qui devaient nous être si chers.

Bruges, une des villes les plus importantes de la Belgique, justement fière de posséder quelques gouttes du précieux sang du Sauveur, est, aux yeux des habitants de St-Gilles, célèbre à d'autres titres encore. Là s'élève une paroisse dédiée à saint Gilles, paroisse que sa piété, son zèle et son admirable organisation rendent digne de marcher en première ligne sous la bannière de l'illustre solitaire de la vallée Flavienne Combien fut grande notre émotion à la vue d'une relique insigne de saint Gilles conservée dans cette église ! C'est un bras enchâssé dans le cristal, surmonté d'une main en argent : il est de la part des fidèles l'objet de la plus grande vénération.

Mais au milieu de tous ces cœurs dévoués au culte de saint Gilles, il en un que nous ne saurions oublier. C'est M. l'abbé Rembry, chanoine de la cathédrale de Bruges, secrétaire à l'évêché.

Tout ce qui rappelle notre grand Saint, est empreint pour lui d'un caractère céleste, je dirais presque divin. Depuis de longues années, il entretient une correspondance suivie avec notre paroisse.

Dans son amour ardent pour la diffusion du culte du saint anachorète, M. l'abbé Rembry a résolu d'écrire un ouvrage sur saint Gilles, dans lequel les recherches les plus laborieuses, les détails historiques les plus intéressants, les considérations de l'ordre le plus élevé ne seront égalés que par cette forme sévère et irréprochable, signe non équivoque d'un esprit aussi solide qu'intelligent et pieux.

A côté de ce prêtre nous aimons à placer le nom de M. l'abbé L. Vanhaecke, chapelain du Précieux-Sang, digne émule du chanoine Rembry dans sa foi et sa confiance en saint Gilles.

Nous ne sommes pas tenté d'attribuer à notre humble personne les témoignages d'estime que nous ont valus, dans la cité de Bruges, nos rapports intimes avec plusieurs ecclésiastiques distingués et en particulier avec M. l'abbé Rembry. Le titre de curé de St-Gilles était tout à leurs yeux ; l'homme n'était rien. Le prêtre obscur qui passait au milieu d'eux appartenait au diocèse de Nîmes, alors en deuil de son premier pasteur, Mgr Plantier. Bruges avait entendu l'illustre orateur, et les échos de cette voix éloquente étaient encore vivants dans toutes les âmes. C'est à ce double titre que nous pûmes agréer, pour les renvoyer à ces deux grandes mémoires, à notre évêque regretté et au patron de notre église, les paroles bienveillantes de M. le député de Clerq et les procédés pleins de délicatesse dont nous fûmes l'objet de la part du clergé réuni au presbytère de St-Jacques, dont Bruges célébrait la fête.

L'Angleterre, on le sait, a été dévouée dans tous les temps au culte de saint Gilles, et rien, malgré les ruines amoncelées par la Réforme, n'a pu lui arracher l'image vénérée et bénie de notre Saint.

Londres a donné au reste de l'Angleterre l'exemple de cette surprenante fidélité. Une paroisse importante est dédiée à saint Gilles ; un quartier populeux porte son nom. Il nous a été donné d'y recevoir la bénédiction de l'illustre cardinal Manning. Son Éminence daigna nous admettre dans son palais et nous exprimer les vœux les plus ardents pour la restauration de l'antique basilique de St-Gilles, renversée, Elle ne l'ignorait pas, par les prétendus réformateurs du XVIe siècle. « Oh! priez pour cette ville de « Londres, » nous disait le cardinal en nous bénissant, « offrez mon souvenir affectueux à « John Archer Honblon, mon condisciple « d'Oxford, et que le ciel vous aide dans votre « pieuse entreprise, vous le prêtre du grand « évêque de Nîmes qui fut mon ami. »

Le lendemain, l'église paroissiale du château de Hallingbury, consacrée à saint Gilles, recevait la visite de deux ecclésiastiques. L'un, nouveau catholique, appartenait au Carmel de Londres, l'autre était le curé de St-Gilles, en France. La famille Archer Honblon, après une réception comme savent en faire les familles opulentes de l'Angleterre, avait bien voulu accompagner ses hôtes dans cette église réparée par ses soins.

Cette église est un des plus curieux monuments de l'architecture du moyen-âge encore debout au sein de l'Angleterre. Son style est gothique. Une tour romane, dans laquelle est enchâssée la statue de saint Gilles en surmonte le porche. Un arceau du même style sépare le chœur du reste de l'église. Une fenêtre latérale murée, rappelle les ouvertures pratiquées au moyen-âge, et appelées, à cause de leur usage, *fenêtre des lépreux*. Un autel se dresse dans le chœur ; des stalles admirablement sculptées et sur lesquelles se font remarquer les statues de saint Gilles et de sainte Catherine en ornent l'entrée.

Devant ces restes bénis du catholicisme conservés avec tant d'amour et restaurés avec un goût exquis, notre âme fut émue. Elle éprouva un sentiment de muet étonnement à la vue de cette passion mystérieuse pour un culte qui ne cache plus là que des symboles et ne rappelle guère que des souvenirs.

Ce phénomène de l'anglicanisme a fait dire à un auteur célèbre : « Quand je vois l'église
« anglicane se passionner ainsi pour les restes
« de ce culte catholique, je me représente une

« mère ayant perdu l'objet de sa tendresse et
« pressant sur son cœur le berceau vide d'un
« enfant qui n'est plus (1). »

A ce sentiment d'étonnement muet je ne pus qu'ajouter une parole d'espérance et d'adieu: « Au revoir, m'écriai-je, en saluant l'honorable famille dont j'avais reçu la plus bienveillante hospitalité, laissez-moi espérer qu'un jour, plus tard, il me sera permis de monter à l'autel dans cette église, rendue par les prières de saint Gilles au centre de la vérité catholique, dont elle fut autrefois une des gloires les plus chères.

Après ces témoignages recueillis en faveur du culte de saint Gilles dans ces contrées, n'est-il pas permis d'espérer ? Les semences précieuses de vérité, les étincelles d'un ardent amour pour le grand patron de la vallée Flavienne, demeureront-elles toujours stériles au sein de ces populations? La foi ne pourra-t-elle jamais,

(1) Nettement, *Introduction aux Conférences du cardinal Wiseman.*

par leur influence, reprendre son empire au milieu de ces multitudes dont elle fut proscrite aux jours d'aveugles persécutions? Qui oserait l'affirmer? Espérons-le plutôt, comme le feu divin transporté des splendeurs du Temple et caché, sous l'inspiration des prêtres, dans les profondeurs de la terre, s'éteignit pendant de longues années et s'élança plus tard en flammes brillantes vers le ciel d'où il était descendu (1) ; ainsi, la confiance de l'Angleterre et son culte envers saint Gilles et les saints patrons dont elle a conservé l'impérissable souvenir, deviendront le point de départ et la force de son retour à la vérité, comme ils l'ont été déjà pour un grand nombre de ses enfants.

(1) 2, Mach. 1, 19.

CHAPITRE CINQUIÈME

LA BASILIQUE DE SAINT GILLES

> « *Vidi Jerusalem novam... paratam sicut sponsam ;.... et audivi vocem magnam de throno dicentem : Ecce tabernaculum Dei cum hominibus.* »
>
> « Je vis la nouvelle Jérusalem, parée comme une épouse.... et j'entendis une voix qui disait : Voici le tabernacle de Dieu avec les hommes.... »
>
> Apoc. XXI, 2, 3.

Un grand pape avait dit de l'église de Saint-Gilles : « Elle sera la plus belle basilique du monde. » Trois églises en occupaient l'emplacement, quand on voulut jeter ses fondements en 1116 : Notre-Dame, la plus petite, l'église Saint-

Pierre que saint Gilles avait construite, et celle que les moines de la vallée Flavienne élevèrent à la mémoire de leur père, le grand Ægidius. Qui nous redira la magnificence de ce temple, dont la majesté ne put cependant arrêter l'aveugle fureur de démolisseurs impies ?

Quelle grandeur dans ses proportions ! quelle perfection dans l'exécution de ce plan admirable, apporté par les moines de Cluny, dignes émules, en lumière et en sainteté, de leurs frères de l'abbaye de Saint-Gilles !

L'église mesurait 94 mètres de longueur sur 25 mètres 50 de largeur dans œuvre. La sacristie, dont la voûte est haute de 15 mètres, est la seule partie intérieure de l'édifice qui ait échappé à la destruction. Or cette portion, appartenant à l'un des bas-côtés de l'ancien monument, était dépassée de beaucoup, en hauteur, par la nef principale.

L'église actuelle, reconstruite en 1655, a conservé la même largeur; sa longneur a été réduite à 49 mètres 50.

Le vieux chœur, dont les vestiges sont grandioses, se voit encore, au dehors, avec ses formes bien dessinées, ses nombreuses chapelles et l'un de ses clochers, connu dans le monde des arts sous le nom de *vis de Saint-Gilles*. (1)

VIS DE SAINT GILLES

C'est un des plus riches spécimens de l'art au XIIe siècle. Ecoutons Rondelet, dans son « *Art de bâtir* », cité par M. Révoil.

« Cette vis est une espèce de voûte annulaire
« transparente, disposée pour soutenir les mar-
« ches d'un escalier tournant autour d'un noyau
« plein ou évidé. Le nom par lequel on la dési-
« gne lui vient de ce que la première voûte de
« ce genre, exécutée en pierres de taille, a été

---

(1) Ce vieux chœur est entouré d'une grille; on y rencontre de nombreux cénotaphes.

Depuis plusieurs années, un enfant de la catholique et fidèle Bretagne, M. Eugène Chévremont, percepteur à St-Gilles, consacre ses loisirs à l'embellissement de ces ruines, au mileiu desquelles vient d'être érigée une statue de la Sainte-Vierge, sous le vocable de Notre-Dame des Ruines.

« faite au prieuré de Saint-Gilles. Le trait de
« cette voûte passe pour un des plus difficiles
« de la coupe des pierres, parce que toutes les
« surfaces des voussoirs sont gauches et les arê-
« tes à double courbure. »

FAÇADE

Mais, de toutes les parties de l'antique basilique, il n'en est pas de mieux conservée et il
n'en fut jamais de plus riche que la façade.

« Sur cette façade, appelée le *nec plus ultrà*
« de l'art bysantin, s'est épuisé, » dit Mérimée,
« tout le caprice, tout le luxe de l'ornementa-
« tation bysantine. Elle se présente comme un
« immense bas-relief de marbre et de pierre, où
« le fond disparaît sous la multiplicité des détails ;
« il semble qu'on ait pris à tâche de ne pas y
« laisser une seule partie lisse : colonnes, sta-
« tues, frises sculptées, rinceaux, motifs em-
« pruntés au règne végétal et animal, tout
« s'enlace, se confond. Des débris de cette

« façade, on pourrait décorer des édifices somp-
« tueux. Devant tant de richesses, prodiguées
« avec une profusion inouïe, le spectateur ébloui
« d'abord, attiré de tous les côtés à la fois et
« ne sachant où arrêter ses regards, a peine à
« reconnaître des formes générales. » Aussi
c'est une justice que lui a rendue, dans ces derniers temps, l'éditeur de la vie de N. S. J. C.
par M. L. Veuillot, en faisant figurer la façade
de l'église de Saint-Gilles, au milieu des chefs-
d'œuvres de l'art chrétien, dont cette mosaïque
est émaillée.

Nous ne saurions mieux dépeindre les merveilles de ce riche frontispice qu'en empruntant
sa description à la savante étude de M. Révoil (1) qui a bien voulu nous y autoriser.

Qu'il reçoive l'expression de notre reconnaissance.

Nous laissons parler ici l'éminent architecte.

---

(1) Architecture Romane du midi de la France par Henri Révoil, architecte du gouvernement. 3 vol. in-folio. V. A. Morel, éditeur à Paris, 13, rue Bonaparte, pag. 56 et seqq.

DESCRIPTION DE LA FAÇADE

« Encadrée dans deux petites tourelles, la façade de l'église de Saint-Gilles s'arrête par une ligne droite au-dessus de l'archivolte de la porte principale.

Cette façade est percée de trois portes, surmontées chacune d'un tympan et d'archivoltes, dont les premières moulures sont enrichies de perles et d'oves. L'archivolte de la porte principale repose, à droite et à gauche, sur une corniche ornée de feuilles et supportée, de chaque côté, par quatre consoles. Ces huit consoles sont ornées de têtes de lion, de bélier, d'aigle, d'une grande feuille et de figures d'anges.

Un pilastre cannelé, avec base et chapiteau à simple moulure, partage en deux l'entrée principale. Un grand linteau sculpté, portant le tympan, repose sur ce pilastre, et, à ses extrémités, sur deux pilastres pareillement cannelés, l'un couronné par un taureau ailé, l'autre par un aigle, tous deux formant console. A la hauteur de ce linteau, de chaque côté, règne une frise ornée de bas-reliefs. Elle s'arrête aux archivoltes des portes latérales et sur l'aplomb de la corniche à corbeaux sculptés, dont nous venons de parler. Cette frise, à droite et à gauche, est supportée, au retour, par une contrefrise à rinceaux, placée elle-même sur neuf figures reposant sur des lions qui dévorent des corps humains ou des animaux. Sur la face principale cette frise s'appuie sur un pilastre orné des plus ravissantes arabesques, et, vers son extrémité, sur une colonne à l'aplomb de la saillie. Deux colonnes accouplées forment, de chaque côté, un avant-corps assez saillant, posé sur un piédestal, dont les moulures se profilent avec le socle principal. Entre les colonnes et en arrière-corps, dans des niches séparées par des pilastres cannelés, sont placées quatre grandes statues de même dimension que celles de l'embrasure de la grande porte. Ces statues reposent sur un double socle ; une frise à rinceaux règne au-dessus des corniches. Le grand soffite formé par la saillie de la grande frise à sujets et à personnages, est orné de rosaces dans des caissons.

Chaque entrée latérale est entourée d'une décoration uniforme et surmontée d'une archivolte divisée en deux parties principales : la première, plus en retraite que l'autre, entoure le tympan et s'asseoit sur le retour d'une nouvelle frise; la seconde partie de cette archivolte retombe sur deux colonnes qui viennent s'aligner sur l'aplomb de la grande frise.

Dans chaque angle de la façade une statue, de même dimension que les précédentes enchâssées dans une niche, repose sur le double socle qui se continue à la même hauteur.

Le tympan de la porte à gauche représente la Vierge Mère, assise sur un trône, portant son Fils bénissant les trois Mages qui lui offrent leurs présents. Dans l'extrémité, à droite, l'ange apparaît à saint Joseph, assis sur une sorte d'escabeau. Ce tympan est la seule partie de la façade portant des traces évidentes de peinture.

Celui de la porte principale représente, au milieu d'un nimbe elliptique, le Christ glorifié, assis sur l'arc-en-ciel au milieu de nuages. Un nimbe à rayons droits et flambelliformes est placé derrière sa tête. Les angles de ce tympan sont garnis par l'ange et les animaux symboliques de l'Evangile.

Le tympan de la porte à droite représente Jésus crucifié ; Jean et Marie se tiennent au pied de la Croix. A côté de Marie-Madeleine, on distingue une figure de femme richement vêtue ; près d'elle, deux autres figures, dont l'une est à genoux, la contemplent en levant les bras au ciel, en signe d'admiration et de réjouissance. C'est la religion du Christ qu'elles saluent.

A côté de Jean, un ange renverse une femme enveloppée dans les plis d'un long manteau. La couronne qu'elle portait sur la tête lui échappe : c'est l'ancienne Synagogue, dont le règne vient de finir.

Comme nous venons de le voir, le bas-relief du tympan de la porte latérale se rapporte à la naissance du Christ. Le premier sujet de la frise nous montre successivement Jésus enseignant à ses disciples; l'un d'eux détache l'ânesse sur laquelle le Maître va monter pour entrer dans Jérusalem; l'autre jette sur le dos du paisible animal son vêtement. Treize disciples (particularité singulière) accompagnent le divin Maître qui est monté sur l'ânesse, suivie de son ânon.

Au devant de Jésus s'avancent deux personnages : l'un jette des branches, l'autre étend des étoffes sur son passage. Derrière eux, on distingue deux palmiers, sur lesquels sont montés deux autres personnages. La ville sainte est représentée par une enceinte crénelée entre deux tourelles.

Au milieu, s'élève la coupole du temple de Salomon; derrière cette enceinte crénelée, trois figures regardent l'entrée de ce cortége. Sur le retour de cette frise, un enfant, curieux d'admirer ce beau spectacle, monte sur un palmier. Au pied de cet arbre sont groupés d'autres spectateurs. Le sculpteur, par les expressions diverses de ces figures a voulu rappeler l'enthousiasme de cette entrée solennelle et touchante, dont l'Evangile nous donne l'intéressant récit.

Voici maintenant l'explication de la frise principale. A gauche, sur de grandes cannelures, se détachent les figures des bas-reliefs qui la composent. On reconnaît d'abord les adieux de l'Enfant prodigue; puis, séparée par un petit intervalle, la scène où il vient demander à son père sa part légitime. Le père est assis, et de sa main tombent trois pièces qu'il donne à son fils en présence de trois assistants. Un monument élevé sépare le sujet suivant; c'est la représentation du Temple.

A la suite, le Christ, armé de verges, chasse de ce lieu sacré les vendeurs qui s'enfuient, emportant leurs bourses et poussant devant eux leurs bœufs et leurs moutons.

Cette composition est remarquable par son mouvement et par un faire peut-être plus habile que dans les autres parties de cette frise.

Vient ensuite Jésus, à qui Marie demande la

résurrection de Lazare. Le Christ accomplit cet éclatant miracle, et Lazare, enveloppé d'un linceul attaché à la tête, sort de son tombeau.

L'artiste a voulu indiquer sans doute, en marquant d'une croix le couvercle de son sarcophage, que Lazare compte parmi les premiers chrétiens. Cette première portion de cette grande frise a échappé presque entièrement aux mutilations qui ont dégradé à peu près toutes les autres figures.

Nous approchons des derniers moments de la vie de Jésus. Les disciples l'entourent; auprès de lui est placé Pierre : le coq est aux pieds de l'apôtre, auquel le Maître prédit sa renonciation. A la suite, Jésus lave les pieds à ses apôtres. C'est le commencement du grand linteau de la façade principale. Le voilà maintenant assis au milieu d'eux au divin banquet de la Cène. Au retour de la frise, saint Pierre, d'un coup d'épée, tranche l'oreille de Malchus ; puis Jésus est trahi par Judas, qui lui donne le baiser des traîtres (1). Les soldats entraînent le Christ, le conduisent devant Hérode; Jésus attaché à la colonne est flagellé par deux bourreaux. Après ce cruel supplice, suivi de trois personnages, il porte sa croix. Là finit la frise principale, dont les trois derniers sujets sont malheureusement très-dégradés. On les reconnaît sans peine cependant.

La mort de Jésus-Christ remplit le tympan du portail à droite : c'est le sujet principal autour duquel vont se grouper les épisodes qui s'y rattachent. Comme au portail gauche, la frise reparaît ensuite. Elle commence, sur le retour, par le conseil des pharisiens envieux ; puis est représenté un groupe de deux personnages, dont l'un est évidemment Jésus-Christ tenant un roseau en face du juge qui lève la main et semble dire avec Pilate : « Êtes-vous le roi des Juifs ? » Après cela on voit la scène touchante de Madeleine essuyant les pieds du Christ avec ses cheveux ; Jésus-Christ est entouré de ses disci-

---

(1) C'est la seule scène de l'Evangile qui ait été respectée par les démolisseurs du siècle dernier.

ples, il semble dire à Simon le pharisien : « Beaucoup de péchés lui sont pardonnés parce qu'elle a beaucoup aimé. » En suivant, sur le linteau de la porte, sont figurées les saintes femmes venant acheter des aromates. Deux marchands sont assis devant leurs crédences. Chacune des saintes femmes porte un vase pour recevoir sa part, que l'un des deux marchands pèse dans une balance. Puis les saintes femmes s'approchent du tombeau, entouré de trois soldats endormis. L'ange veille, assis auprès du sépulcre entr'ouvert, tenant une épée dans sa main droite, et leur montre le ciel de la main gauche, comme pour leur dire : « Jésus est ressuscité. » Le dernier tableau de cette histoire, si naïvement reproduite, représente les saintes femmes allant annoncer cette nouvelle aux apôtres, en leur indiquant aussi le ciel, où Jésus est monté. Remarquons en passant que la grande frise repose tout entière sur une sorte d'abaque, se prolongeant d'un chapiteau à l'autre de chaque colonne, et garni de bêtes féroces, de chimères à la tête basse, à la figure hideuse, emblèmes évidents des passions et de la méchanceté de l'homme dont tous ces tableaux retracent les cruelles actions.

Un sujet non moins important à étudier dans cette description, est celui qui a rapport aux grandes figures qui concourent si puissamment à la décoration de cette façade. Dans la partie du milieu, douze statues, la tête nimbée, les pieds nus, représentent les douze apôtres; huit sont parfaitement reconnaissables aux attributs qui les accompagnent et aux textes du Nouveau Testament gravés sur leurs livres et sur leurs phylactères.

Entre la porte gauche et le grand portail, le premier personnage à gauche est saint Jude, surnommé Thadée (le zélé) ou Lebbé (le Lion) ou le courageux.

Il tient son livre sur lequel est gravé le dernier verset de son épître. | SOLI DEO SALVATORI | NOSTRO PER | JESUM CHRISTUM DOMI | NUM NOSTRUM GLORIA.. | Il ne reste plus que six lettres; elles nous ont servi à rétablir l'inscription précédente.

Saint-Barthélemy vient ensuite; il porte une banderole sur laquelle on lit : Ego sum Bart | olo |. meus | ap |. osto | l (u) s | X, » et ces mots : « Evertique quasi..... converti. »

Le troisième personnage à la suite est saint Thomas disant : Nisi videro in manibus ejus fixuram clavorum et mittam digitum meum in locum clavorum et manum meam im latus ejus non credam. » Ces paroles sont tracées sur un livre qu'il porte de la main droite : avec deux doigts de cette main, il indique ce texte au lecteur.

Vient ensuite saint Jacques le Mineur, parfaitement désigné avec ces titres inscrits dans son nimbe : Jacobus frater dmi | eps (episcopus) ie (r) osolim (æ).

Au retour, en suivant, est placé saint Jean l'évangéliste, avec les premiers mots de son Évangile : In principio erat Verbum.

Après lui, à côté du portail, saint Pierre

avec ses clefs. En face du chef des apôtres, à droite, saint Jacques le majeur, que le sculpteur a cru être l'auteur de l'épître catholique, puisqu'il lui a donné pour texte caractéristique un verset de cette épître : « Omne datum optimum et donum perfectum, » gravé sur le livre qu'il tient. Autour de son nimbe, on lit : Sur-su (m) est descendens a patre lumine. »

A côté de saint Jacques, est placé saint Paul, indiqué par ce texte de sa première épître aux Corinthiens (XV, 10) : « Gratia Dei sum id quod sum. »

Les quatre autres, à la suite, à droite, qui n'ont ni textes, ni attributs, parce que évidemment l'œuvre n'a pas été achevée, ne peuvent être que saint André, saint Mathieu, saint Philippe, et saint Simon (le chananéen).

La figure placée dans la niche, à l'angle de la porte de gauche, représente saint Michel terrassant le démon ; en pendant, dans la porte opposée, sont trois personnages ailés, écrasant chacun un monstre. Ce sont, sans doute, les combats et les triomphes de l'Eglise, personnifiée dans trois anges, refoulant le paganisme, l'hérésie et le mahométisme.

Le nom du sculpteur à qui est due la statue de saint Jude est aujourd'hui parfaitement connu. Nous l'avons découvert sous une couche de plâtre, gravé dans le mur au-dessus de l'épaule droite du Saint : « BRUNUS ME FECIT. »

On retrouve au-dessus de la statue de saint Barthélémy la fin de cette phrase « ME FECIT, » à la même place.

En examinant les six statues placées de ce côté gauche du grand portail, on est frappé de la ressemblance de leur modèle et de leur exécution. Volontiers on attribuerait à maître Brunus ces six figures. Tout au moins doit-on lui attribuer la seconde, qui est signée de la même façon. Celles du côté opposé paraissent mieux traitées et annonceraient un faire plus habile.

Des traces de peinture qui se voient encore dans quelques plis, dans les lettres, et surtout dans le nimbe de la statue de saint Barthelémy, feraient supposer qu'à une époque postérieure à la fin du XIIIe siècle peut-être, ces statues avaient été peintes, ainsi que nous l'avons remarqué sur le tympan de la Vierge.

La façade de l'église de Saint-Gilles repose sur un socle, qui est sillonné de cannelures. Dans la partie des avant-corps du milieu seulement, ces cannelures sont remplacées par des bas-reliefs d'une sculpture méplate, qui existent encore aujourd'hui sur les deux faces extérieures de ces avant-corps et sur leur retour.

On s'est contenté de reproduire le socle avec une face unie dans les portions restaurées. A droite du grand portail, sur le socle en marbre des bases des colonnes accouplées de l'avant-corps, l'artiste a sculpté David gardant ses troupeaux et jouant de la harpe; un ange lui apparaît. — Le retour parallèle de la façade représente des griffons et des oiseaux. Sur l'autre face, David tue Goliath: l'armure du géant est un curieux spécimen des costumes guerriers du XIIIe siècle. Au socle des colonnes de gauche, la même main a représenté deux singes liés ensemble par une corde; puis, sur le retour, un chameau et un homme couché pressant la patte d'un lion; sur l'autre face, un lion posant sa patte sur une figure d'homme renversé à terre. Sur ce soubassement, à gauche, deux médaillons en marbre blanc représentent, l'un, Abel offrant à Dieu le plus bel agneau de son troupeau, tandis que Caïn se contente d'offrir une gerbe de blé. Entre les deux arcatures qui encadrent ces deux médaillons, se dresse la main de Dieu sortant d'un nuage et bénissant le sacrifice d'Abel. Abel a suivi le conseil du bon ange qui est placé derrière lui, tandis que Caïn a écouté la voix du génie du mal qui s'est attaché à lui sous la forme d'un dragon. Adossé au pied droit, à gauche de la porte, le sculpteur a représenté Caïn tenant son frère qu'il a acculé contre un arbre: l'âme d'Abel, sous la forme d'une figurine, monte au ciel; un ange va au-devant d'elle pour lui porter la couronne, symbole de sa récompense; tandis qu'on voit un dragon enfoncer ses griffes dans le corps de Caïn, emblème de la malédiction qui punira son crime. Au côté opposé, dans une arcature semblable, on voit Balaam monté sur son ânesse et allant maudire les Hébreux. L'archange Michel apparaît au devant de lui avec une épée pour l'arrêter. Les autres médaillons sont encadrés dans un cercle garni de perles : le premier représente un centaure poursuivant un cerf : c'est l'emblème de la force brutale. Ce cerf remplit le second médaillon. Celui qui suit, représente une chimère, symbole de la ruse, et le dernier une lionne allaitant un lionceau. » (1)

SYMBOLISME DE LA FAÇADE

Nous terminerons cette savante étude par quelques réflexions sur le symbolisme de la basilique de saint Gilles. Nous les empruntons en-

---

(1) Architecture romane du midi de la France, par Henri Révoil

core, en partie du moins, à l'ouvrage de M. Révoil.

« Examinons le plan de cette église. Nous trouvons d'abord trois portails sur la façade, trois reliefs, emblèmes de la Trinité.

De la nef aux transepts, six arcades de chaque côté, représentation évidente des douze apôtres.

Entrons dans l'abside : nous retrouvons dans les cinq arcades le souvenir des cinq plaies du Christ, et dans les sept chapelles du pourtour absidial les sept Sacrements.

Arrêtons-nous encore devant les façades : la pensée de l'artiste devient encore plus incontestable dans cette grande page où il va représenter les détails les plus importants de la vie du Christ, et, auprès de sa croix, la religion chrétienne apparaissant pleine de jeunesse et de vie devant la décadence de l'ancienne Synagogue. Peut-on nier son intention évidente, lorsqu'il entoure l'entrée principale de l'église, image de la porte du ciel, des douze apôtres, qui en ont ouvert le chemin au monde? Ne voyons-nous pas, placés aux extrémités de cette phalange sacrée, Michel et les anges, terrassant, à la porte du sanctuaire, le dragon infernal : le paganisme, l'hérésie et le mahométisme ? Comme dans tous les monuments de la même ordonnance, l'Église punit les vices personnifiés, par leurs emblèmes qu'elle écrase ou qu'elle anéantit. Elle s'appuie sur la prière, expliquant ainsi cette colonne dont la base représente un solitaire en méditation entre deux ours, pour rappeler les animaux féroces, leur seule compagnie dans le désert; elle s'appuie aussi sur la force, représentée par le lion. » (1)

L'étude du symbolisme dans l'art fait regretter plus amèrement encore la destruction de la basilique de Saint-Gilles. Quels enseignements n'aurait-on pas à retirer de cette création inspirée par le génie chrétien! Sans doute ceux qui élevèrent ce temple à la gloire de Dieu

(1) Architecture romane du midi de la France, *par Henry Révoil*.

sous le vocable du grand saint Gilles, devaient s'écrier dans l'enthousiasme de leur œuvre, à la vue de cette multitude de pierres animées par le souffle de leur génie : « *Lapides clamabunt,* » ces pierres crieront, elles parleront à l'homme, elles l'instruiront.

Ses longues nefs ne disent-elles pas au chrétien, qui entre dans le temple, que la vie est un pèlerinage pour l'homme ?

L'homme vient de Dieu ; où va-t-il, sinon à Dieu ?

Le Dieu créateur, il le rencontre, symbolisé nous l'avons dit, dans ce triple portail, image de la Trinité sainte ; puis en avançant sous les voûtes de la basilique, le chrétien arrive au Dieu rédempteur, le Christ fils du Dieu vivant, caché sous les voiles eucharistiques.

De là, sans doute, l'étroitesse des nefs et leur longueur dans le style roman ; de là l'absence de tout point d'arrêt ou de toute chapelle. Tout ici dit à l'homme de se hâter pour trouver Dieu qui l'attend, afin de le consoler et de le fortifier.

Qui ne verrait une image du ciel dans ce chœur au milieu duquel se dresse le tabernacle de l'Homme-Dieu ! Au ciel, Dieu se révèle à ses élus ; il les remplit d'une joie inénarrable, essence de leur bonheur éternel ; il les rend penticipants d'une part de sa puissance. Au ciel règne une harmonie parfaite, résultant de l'accord de toutes les volontés qui se perdent et se confondent dans la volonté souveraine de Dieu.

Regardez ces ruines, reconstituez ce chœur, n'est-il pas une image fidèle du royaume du ciel ? Voyez autour de l'autel principal ces chapelles, au milieu desquelles les saints sont placés comme autant de souverains. A leur tête est une chapelle privilégiée, devant laquelle tout chrétien aime à venir s'incliner pour prier. C'est celle de Marie Immaculée, la plus rapprochée de Dieu puisqu'elle est sa mère, et supérieure à toute hiérarchie céleste puisqu'elle en est la reine. Voilà pourquoi l'image de Marie est placée au milieu des saints qui l'environnent et lui font un cortége d'honneur. Elle résume en elle-même, comme mère de l'humanité et mère de la grâce, la voix du monde surnaturel et devient, en faveur de l'homme qui l'implore, la toute-puissance suppliante auprès de Dieu, « *omnipotentia supplex.* »

Nous pourrions faire ressortir d'autres enseignements symboliques de ce qui nous reste encore de ruines précieuses de notre antique basilique. Nous préférons laisser à l'artiste chrétien qui a bien voulu nous lire le doux soin d'étudier et d'interpréter les leçons qu'il trouvera à chaque pas dans ce monde de merveilles que nous n'avons pu approfondir comme nous l'aurions désiré.

APPENDICE
AU CHAPITRE CINQUIÈME

LA MAISON ROMANE

« Une tradition veut que ce soit dans la maison Romane, élevée en face de la basilique de St-Gilles, que soit né Guy de Foulque (1).

Ses caractères architectoniques prouvent qu'elle est contemporaine de cet événement, et son ornementation dit assez qu'elle a appartenu à une famille opulente.

Le style de son architecture dénote la fin du XIIe siècle ou le commencement du XIIIe.

Deux étages surmontent un rez-de-chaussée très-élevé. Ce rez-de-chaussée est percé d'une

---

(1) Célèbre jurisconsulte. Il fut le secrétaire de St Louis et plus tard devint pape sous le nom de Clément IV, 1265-1268.

grande ouverture centrale et de deux ouvertures latérales très-étroites : les piles placées entre ces ouvertures sont couronnées par un profil comme des pilastres. De grands linteaux reposent sur ces piliers et recouvrent ces trois ouvertures. Chacun de ces linteaux est surmonté par un arc de décharge en pierre de taille, destiné à soulager ces monolithes du poids des étages supérieurs.

Sur un cordon moulé et orné d'une sorte de frise figurant des imbrications en losanges, reposent les quatre ouvertures du premier étage; une colonnette avec base et chapiteau sculpté sert de meneau à chacune de ces baies; sur le chapiteau de cette colonnette reposent les linteaux accouplés de ces ouvertures. Sur deux de ces linteaux, dans l'épaisseur de la pierre, sont dessinés des trilobes dont les centres sont ornés de rosaces variées. Sur les deux autres, sont tracés de simples cercles figurant les archivoltes.

Cette dernière décoration est reproduite dans

la disposition identique des quatre baies du deuxième étage.

Telle est l'ordonnance architecturale de cette intéressante construction.

Qu'était l'intérieur de cette maison quand elle abrita le pontife Clément IV ? Il serait difficile de le dire aujourd'hui.

Une cheminée placée au deuxième étage mérite seule de fixer l'attention des visiteurs. Son manteau conique repose sur une sorte de couronne appareillée avec une clef. Cette couronne elle-même est soutenue par deux consoles encastrées dans le mur contre lequel est adossé le foyer.

Ce fut Prosper Mérimée qui, le premier, signala ce précieux modèle d'architecture au moyen-âge. Elle a été depuis rangée parmi les monuments historiques.

On l'a dit, il était temps, car bientôt rien ne serait resté d'elle. Ses habitants avaient depuis longtemps pris une part intime à ce complot contre la seule maison respectée par quatre siéges dans la ville plusieurs fois saccagée. Chacun de ses hôtes s'y était construit son nid à sa façon; trois fenêtres sur quatre avaient été aveuglées au deuxième étage, et une maussade ouverture carrée, pratiquée dans la partie la plus maltraitée, formait une large échancrure dans la corniche brisée.

Le premier étage a été odieusement mutilé par l'ouverture de deux grandes fenêtres modernes, dont l'une surtout, celle de gauche, a tellement compromis la solidité de l'édifice que, du sommet de cette ouverture à l'angle de la fenêtre supérieure, se dessine une large lézarde, produite par le brisement de plusieurs pierres de taille. Tout cela n'est pourtant rien en comparaison de ce que le rez-de-chaussée a eu à souffrir : pierres arrachées, muraille minée, sept ouvertures pratiquées avec le pic dans les parties les plus chargées, poutres violemment enfoncées dans le mur pour faire deux étages dans un, rien ne manque à la dégradation.

Les ouvriers que le sieur Roise fit venir

d'Aimargues et de Sommières pour renverser la vieille basilique, auparavant convertie en forteresse par le capitaine des huguenots, Bertichères, ne devaient pas procéder autrement pour mener à bonne fin leur œuvre de destruction.

C'est de 1867 que date la pensée sérieuse d'en faire un presbytère. Depuis, que de démarches, que d'efforts tentés ! Un devis estimé 22,000 fr., couvert en partie par la commune, les beaux-arts, les cultes, la fabrique et une dernière somme de 7,000 fr. votée par la mairie pour le logement des vicaires (1), assurent la conservation, l'appropriation de cet intéressant édifice et une maison convenable au curé et au clergé de la paroisse.» (2)

---

(1) Les travaux commencés sous l'administration du digne et regretté M. Hitier, maire de St-Gilles et membre du Conseil général du Gard, viennent d'être terminés, grâce au bienveillant concours de M. Gautier, maire, de MM. Bessière et Rocquelain.

(2) Extrait de l'*Architecture Romane du Midi de la France,* par Henry Révoil, vol. 3, pag. 10, et des *Notes d'un voyage dans le Midi de la France,* par Mérimée.

CONCLUSION

En terminant un de ses principaux ouvrages écrits à la gloire de saint Gilles, l'un des grands évêques de Nîmes émettait les vœux suivants : 1° de voir relever les ruines de la basilique abbatiale ; 2° de voir germer encore, à l'ombre du saint tombeau, des pontifes et des évêques dignes de leurs aînés et dont l'Eglise pût considérer les mérites et citer les noms avec une fierté maternelle.

Quels vœux ! Quels admirables souhaits ! Qu'ils sont dignes de cette grande âme et du pays de St-Gilles auxquels ils s'adressent ! Pourrions-nous ne pas nous y associer, nous à qui l'illustre prélat daignait, quelques années avant sa mort, confier cette paroisse si chère à son cœur !

Pourquoi les enfants de St-Gilles ne tenteraient-ils pas de relever au moins quelques-unes des ruines faites autour du tombeau de leur glorieux patron ? La grandeur et la prospérité de la ville ont toujours été en rapport avec la gloire de son monastère et de sa basilique : retirer les secondes de cet état d'humiliation injuste et de sacrilége dégradation, ne serait-ce pas travailler au bonheur de la cité ?

N'avons-nous pas abusé des richesses, de l'opulence, du bien-être, au sein desquels pendant des années trop prospères, nous nous sommes plongés, sans profit pour la défense des grands intérêts de nos âmes ? Or, jeter maintenant l'obole de notre pauvreté (1) dans les fondements de ces ruines à réédifier, de ce chœur à reconstruire, de ce clocher à élever, ne serait-ce pas une réparation nécessaire de l'abus de tant d'or prodigué en de coupables jouissances ?

(1) A l'heure où nous écrivons, un fléau dévastateur ravage nos campagnes et vient priver le pays de ses plus abondantes ressources.

Nous ne travaillerions pas seuls à cette œuvre glorieuse: Dieu nous prêterait son secours. Nous ne serions pas dès lors du nombre de ceux « *qui s'efforcent en vain d'édifier la maison, parce que Dieu ne construit pas avec eux.* (1) »

Nous ne travaillerions pas seuls. Tous les cœurs dévoués à saint Gilles nous prêteraient leur appui. Les dons de l'opulence, joints à l'humble tribut du pauvre, féconderaient nos efforts.

Nous ne travaillerions pas seuls. La France qui prodigue la fortune publique à bâtir des temples à toutes les divinités du Paganisme, revivant dans les hideuses figures du Philosophisme et de la Révolution, comprendrait que c'est justice de venir en aide à une population jalouse de conserver des merveilles de l'art chrétien (2).

---

(1) *Nisi Dominus ædificaverit domum in vanum laboraverunt quæ ædificant eam.* Ps. CXXVI, 1.

(2) En 1842, le gouvernement, sur la proposition de M. Lenormand, savant archéologue, a classé l'église de St-Gilles parmi les monuments historiques. Sous l'habile direction de M. Questel, d'importantes réparations furent faites à l'église.

Le second vœu de l'évêque de Nîmes s'adressait aux illustrations dont s'enorgueillit justement St-Gilles et que Mgr Plantier désirait voir revivre.

Lorsque la basilique était debout avec son monastère, des papes, des pontifes, des abbés, lui formaient comme une armée sainte mise au service de l'Église. Depuis, cette séve féconde ne s'est pas tarie au cœur de la population de St-Gilles. Que de noms à citer ici parmi les défenseurs intrépides de la vérité ! Prêtres de tous rangs, décorés de titres divers dans la hiérarchie ecclésiastique ; et aujourd'hui encore, dans ce siècle d'indifférence, que de pasteurs, donnés à l'Église par la paroisse de St-Gilles, remplissent leur saint ministère avec honneur et profit pour les âmes !

Pourrions-nous oublier ce prêtre si riche de qualités, dévoré du zèle le plus ardent pour la

---

Les dépenses s'élevèrent à 40,000 francs. — Pourquoi n'affecterait-on pas chaque année une somme proportionnée aux travaux qui restent encore à effectuer ?

gloire de Dieu, M. l'abbé Guinoir, supérieur du petit séminaire de Beaucaire, mort dans les missions lointaines, presque en face du tombeau du Christ. C'est lui qui disait à un enfant que la Providence destinait à être un jour curé de Saint-Gilles :

« O mon enfant, voulez-vous être prêtre ? » Et le comblant des témoignages de son affection paternelle : « Oui, nous mourrons tous les deux prêtres. »

Toutes les gloires du sacerdoce ne semblent-elles pas se résumer, pour Saint-Gilles, dans ce savant et vénéré Prélat, le saint évêque de Digne (1) ? Il assistait naguère à la consécration d'un évêque de sa province (2) et entendait l'éloge que lui décernait le magnanime exilé de Genève, Mgr Mermillod, dont la parole, appelée à relever l'éclat de toutes les fêtes du monde catholique, honorait en ce jour la ville de Saint-

(1) Mgr Meirieu.
(2) Mgr Terris, évêque de Fréjus et Toulon, sacré à Carpentras le 29 Juin 1876.

Gilles, par l'hommage glorieux qu'il rendait au plus illustre de ses enfants.

La voix de l'éloquent successeur de Mgr Plantier, Mgr Besson, viendra en aide aux vœux de celui dont il occupe si dignement la place. Ses généreux efforts ne demeureront pas infructueux pour l'honneur du sacerdoce. On le sait, aujourd'hui plus que jamais, « *les ouvriers sont peu nombreux et la moisson est abondante.* » (1) Dieu et les hommes répondront à l'appel de notre évêque bien-aimé, car la gloire de Dieu et le salut des âmes ne peuvent s'obtenir que par le sacerdoce ; et ces deux choses, Dieu ne peut s'en passer.

A ces vœux, Mgr Plantier en ajoutait un troisième, que nous aimons à redire après lui. « O saint-Gilles, » s'écriait-il en terminant la magnifique lettre pastorale sur la découverte du tombeau de notre saint patron, « cité fidèle, ce que « je demande pour toi surtout, c'est que fille

---

(1) *Messis quidem multa, operarii autem pauci.* Luc, x, 2.

« d'un saint, couronnée de son nom, solidaire
« de sa gloire, tu travailles à pénétrer tous tes
« enfants de son esprit et de sa foi ; que tu les
« pousses avec ardeur à l'imitation de ses ver-
« tus ; que tu proscrives de tes usages et de tes
« mœurs tous les obstacles qui pourraient
« s'opposer à leur sanctification ; que ton sol
« devenu divinement fécond soit désormais une
« riche pépinière d'élus pour le ciel, et qu'ainsi
« les nouvelles destinées du sépulcre de ton
« auguste patron soient encore plus belles et
« plus consolantes que les premières ! »

FIN.

MANUEL

A

L'USAGE DES PÈLERINS

NEUVAINE

EN L'HONNEUR

DE SAINT GILLES, Abbé

PREMIER JOUR

SON HUMILITÉ

> *Si quis vult post me venire, abneget semetipsum.* — Matth. XVI, 24.
>
> Si quelqu'un veut venir après moi, qu'il renonce à lui-même.

I. Considérez que, de nous-mêmes, nous ne sommes rien. Dans l'ordre de la nature comme dans celui de la grâce, tout vient de Dieu. S'il retirait sa main puissante qui nous soutient, nous rentrerions dans le néant ; s'il retirait sa grâce, nous retomberions dans le péché. Quel puissant motif d'humilité ! Que l'orgueilleux est aveugle !

II. Saint Gilles grava profondément dans son cœur cette importante vérité. Au milieu des honneurs que les hommes rendaient à son rang et à sa naissance, il s'occupait de sa propre abjection, et, craignant toujours que sa dignité ne lui enflât le cœur, il abandonne enfin sa patrie et vas'ensevelir dans la profondeur des bois pour y vivre inconnu. Autant de fois que l'éclat de ses vertus et de ses miracles le produit aux yeux des hommes, autant de fois il fuit et cherche des retraites plus éloignées et plus obscures.

III. Que faites-vous pour devenir humble ? Connaissez-vous même l'humilité ? Ne désirez-vous pas, dans le fond de l'âme d'être vu, connu, estimé des hommes ? Il en est qui parlent beaucoup de l'humilité ; mais en deviennent-ils plus humbles ? Cette vertu est délicate comme la chasteté ; elle se flétrit en la produisant au-dehors par des paroles inutiles. Parlez moins de l'humilité et soyez plus humbles.

PRIÈRE

O mon Dieu ! apprenez-moi à devenir humble Je vois en votre sainte présence que je ne suis rien ; car, qui pourrait s'estimer devant votre grandeur infinie ! Mais, dès que je me retire d'auprès de vous, cette vérité m'échappe et je me sens captivé par l'amour de moi-même. Brisez ces liens invisibles qui m'attachent à moi ; faites que je ne vive plus que pour vous et que je préfère toujours à l'estime et aux louanges des hommes, l'obscurité et le silence.

Pratique. Faites souvent des retours sur votre cœur, et surtout dans les contradictions que vous éprouverez, pour voir si vous n'êtes point attaché à vous-même.

DEUXIÈME JOUR

SON MÉPRIS DES BIENS DE CE MONDE

> *Nolite diligere mundum, neque ea quæ in mundo sunt.* — I Joan. II, 15.
>
> N'aimez pas le monde, ni les choses qui sont dans le monde.

I. Tout ce qui passe n'est rien pour des êtres immortels ; tout ce qui est créé est comme un néant pour des êtres destinés à posséder Dieu. Qu'est-ce que la révolution d'un grand nombre de siècles auprès de l'éternité ? Rien. Qu'est-ce que la créature en présence du Créateur ? Rien encore. Or, les biens de ce monde sont passagers et vains. Encore un peu de temps, et tout ce que le monde estime et admire aura disparu ; il n'en restera que le regret de s'y être attaché. Méprisons, méprisons la vanité du monde.

II. Saint Gilles, issu du sang des Rois, pouvait se promettre les plus grands honneurs comme les plus douces jouissances ; mais, éclairé des lumières de la religion, il sentit la vanité de ces biens terrestres et les méprisa. Comme le roi Salomon, il dit dans son cœur : *Vanité des vanités, et tout n'est que vanité et affliction d'esprit.* Il fallait qu'il méprisât beaucoup le bonheur de ce monde, puisqu'il lui proféra la solitude et l'obscurité des bois.

III. Pour vous rendre le témoignage bien consolant que vous n'êtes point attaché aux biens de la terre, examinez si vous goûtez les maximes de Jésus-Christ sur les avantages de la pauvreté, de l'humilité et des souffrances, et sur les dangers des honneurs, des plaisirs et des richesses. Jésus-Christ nous dit dans son Évangile : *Malheur aux riches ; malheur à ceux qui ont leur consolation en ce monde.*

PRIÈRE

O mon Dieu ! ce n'est pas vous connaître que de s'attacher aux biens de ce monde. Vous m'avez fait pour vous, et mon cœur goûterait toute la félicité d'ici-bas, qu'il ne serait point heureux. Vous seul, ô mon Dieu, saurez le satisfaire en remplissant l'immensité de ses désirs et en fixant à jamais l'incertitude de ses espérances frivoles. Fuyez loin de moi, biens de la terre, mon Dieu est mon tout.

Pratique. Si vous êtes pauvre et malheureux, pensez souvent aux avantages que Jésus-Christ a attachés à la pauvreté et au malheur, et si vous avez des richesses, pensez aux anathèmes que Jésus-Christ a prononcés contre les riches et les heureux du siècle.

TROISIÈME JOUR

SA FUITE DU MONDE

Recedite de medio Babylonis. — Is. 1. 8.
Sortez du milieu de Babylone.

I. *Malheur au monde, à cause de ses scandales*, nous

a dit Jésus-Christ, et ailleurs, après s'être entretenu avec ses Apôtres de sa mort prochaine, il ajoute : *Je ne prie point pour le monde.* Parole effrayante ! Il ne veut point prier pour le monde et cependant il pria pour ses bourreaux. Que le monde est donc mauvais ! Jésus-Christ, qui est la bonté même ne veut pas prier pour le monde !! Quel anathème ! Fuyons, fuyons, le monde.

II. Considérez saint Gilles, tout pénétré de cet anathème de Jésus-Christ, fuyant le monde et sa patrie, et allant dans des contrées lointaines se dérober aux regards importuns des hommes. Il connaît les maximes et la conduite du monde ; il a découvert les piéges qu'il lui dresse sous ses pas, et, plus fort que le monde, il le méprise et l'abandonne.

III. L'on peut fuir le monde de deux manières, ou bien en renonçant à tout commerce avec les hommes; ou bien en fuyant ceux d'entre les hommes qui sont animés des maximes du monde. La première séparation exige une vocation particulière ; mais la seconde est un précepte imposé à tout Chrétien. Fuyez-vous les sociétés dangereuses ou suspectes ? Aimez-vous l'obscurité et le silence ? N'aimez-vous pas, au contraire, à vous produire, à entendre parler des affaires du monde ? Vous contentez-vous du commerce des personnes pieuses ? L'amour du monde est d'un présage fatal.

PRIÈRE

O mon Dieu ! pourquoi ne pas fuir votre ennemi et le mien ! Si je vous aimais bien, je détesterais ce monde pervers qui ne vous connaît pas. Mon Sauveur, faites-moi goûter, dans l'enceinte de vos tabernacles, la doucœur de la retraite et du silence; que le tumulte du monde ne vienne point troubler vos communications ineffables et empoisonner, par l'amertume des plaisirs terrestres, les douces joies de votre amour. *Que le monde soit crucifié pour moi, et que je sois moi-même crucifié pour le monde.*

Pratique. Fuyez la société des personnes qui vous parleront souvent du monde, et n'en parlez jamais vous-mêmes.

QUATRIÈME JOUR

SA PÉNITENCE

Qui Christi sunt carnem suam crucifixerunt cum vitiis et concupiscentiis.—Ad. Gal. iv, 24.
Ceux qui sont à J.-C. ont crucifié leur chair avec ses passions et ses désirs déréglés.

I. *Le royaume des Cieux se prend par violence.* La voie qui y conduit est rude, étroite et semée d'épines. Il faut porter *sa croix et suivre J.-C.* Jésus est notre modèle ; nous ne pouvons nous sauver si nous ne lui devenons semblables. *Ce serait une chose monstrueuse,* disait saint Bernard, *si l'on voyait des membres délicats sous un chef couronné d'épines.*

II. Saint Gilles habitait les bois ; il se nourrissait d'herbes sauvages, de racines et d'un peu de lait, que lui fournissait une biche. Il était revêtu d'habits grossiers, une grotte obscure était sa demeure et la terre son lit. En un mot, il passait sa vie dans les veilles, la prière et la pénitence.

III. Votre pénitence égale-t-elle vos péchés ? Faites-vous pénitence ? De grands saints ont crucifié, durant toute leur vie, leur chair et ses appétits déréglés, et, au moment de paraître devant Dieu, ils ont tremblé. Les pécheurs sensuels seraient-ils donc tranquilles ? Pensez à cette parole de J.-C. : *Si vous ne faites pénitence, vous périrez tous.*

PRIÈRE

Mon Sauveur, je veux, à votre exemple, me livrer aux exercices de la pénitence. Mes péchés crient vengeance contre moi. Accordez-moi la grâce d'avoir sans cesse devant les yeux votre passion douloureuse. Faites mourir cette nature rebelle qui m'éloigne de vous ; brûlez, brisez, coupez jusqu'au vif sur cette terre maudite, pourvu que vous m'épargniez dans l'éternité ; trop heureux de vous suivre sur le Calvaire pour ressusciter comme vous dans la gloire.

Pratique. Proposez-vous chaque jour de faire un acte de pénitence.

CINQUIÈME JOUR

SA PRIÈRE

Oportet semper orare et non deficere.
— Luc, xviii, 1.
Il faut toujours prier et ne point se lasser.

I. La prière est nécessaire et puissante. *Sans moi,* nous a dit J.-C., *vous ne pouvez rien faire.* La prière est donc comme le cri naturel de nos cœurs : et il est bien consolant de savoir que ce cri, lorsqu'il est réglé par les maximes de la piété chrétienne, est toujours exaucé. *Demandez,* nous a dit encore J.-C., *et vous recevrez.*

II. Saint Gilles quitta le monde pour employer plus de temps à la prière. Il passait les nuits dans ce saint exercice. Sa vie était même une prière continuelle, parce que, sans cesse en présence de Dieu, il voyait sa propre faiblesse et la grandeur de ce Dieu qui voulait le secourir. Sa prière a été puissante : il est devenu un grand Saint, et ceux qui ont habité le lieu consacré par sa mort ont ressenti souvent qu'ils avaient en lui un grand protecteur auprès de Dieu.

III. Aimez-vous le saint exercice de la prière ? Vous devez prier sans cesse, selon la parole du Sauveur. Hélas ! plus on a besoin de grâces, moins on prie. Les pécheurs qui ne prient pas sont semblables à ces malades désespérés qui ne sentent pas leur mal, et qui dédaignent les soins du médecin. Priez sans cesse avec ferveur, parce que vous avez sans cesse besoin du secours de Dieu.

PRIÈRE

Mon Dieu, je veux faire mes délices de la prière. Au milieu des afflictions de cette malheureuse vie, je n'irai chercher d'adoucissement à mes maux que dans les douceurs de cet exercice. Loin de moi les froides consolations des hommes, qui m'importunent et me glacent. Vous seul, ô mon Dieu, pouvez consoler mon âme affligée, vous seul pouvez me rendre la paix de vos enfants, que le monde ne connaît pas. Je crierai vers vous comme un enfant crie vers son père, et rien ne troublera mon repos et mon'bonheur.

Pratique. Souvenez-vous, en priant, que de la prière dépendent votre sanctification et votre salut.

SIXIÈME JOUR

SA GLOIRE DANS LE CIEL

Gaudete et exaltate, quoniam merces vestra copiosa est in cœlis. — Matth v, 12.
Réjouissez-vous et tressaillez de joie, parce qu'une grande récompense vous est réservée dans le Ciel.

I. Il n'est pas donné à l'homme de faire connaître par le langage la gloire des Saints. Saint Paul revenu du troisième ciel n'a fait entendre que ces paroles remarquables : *L'œil n'a point vu, l'oreille n'a point entendu, le cœur de l'homme n'a point senti ce que Dieu prépare à ceux qui l'aiment.* Admirons dans un profond silence les merveilles de la munificence divine.

II. La gloire de saint Gilles est grande dans le ciel. Il l'a méritée par des vertus héroïques. Il abandonne la gloire, les richesses et les plaisirs de la Cour, et va dans la profondeur des forêts pour se livrer aux travaux de la pénitence. Du faîte de la grandeur il descend volontairement au dernier degré de la pauvreté et de l'abjection. Que de sacrifices, que de violences ne lui a pas coûtés un changement si prompt et si étrange !

III. Qu'avez-vous fait pour mériter le ciel ? L'on ne vous dit pas de vous mesurer avec ces grands Saints : ce serait trop exiger de votre faiblesse. Mais avez-vous fait dans votre état tous les sacrifices que la grâce vous a demandés ? Regardez-vous le ciel comme la fin et la récompense de vos travaux ? Ne tenez-vous pas à la terre aux commodités de la vie ? Souvenez-vous de cette parole de saint Augustin : *Nul ne pourra se réjouir comme citoyen dans le ciel, s'il n'a auparavant gémi comme étranger sur la terre.*

PRIÈRE

O mon Dieu ! que la terre me paraît vile lorsque je considère le ciel ! vous disait un grand Saint. Ce devrait être le cri de mon cœur. Grand Dieu faites que je soupire sans cesse après le moment de vous voir. Oui, périssent à jamais la terre et ce monde pervers qui l'habite, et que mon âme, dégagée des entraves du corps qui la retiennent captive, s'élance dans le sein de votre gloire pour y vivre à jamais du feu de votre amour. O belle société des Anges et des Saints, quand vous verrai-je!

Pratique. Avant de rien entreprendre, examinez si ce que vous allez faire vous sera profitable pour le ciel.

SEPTIÈME JOUR

SON POUVOIR AUPRÈS DE DIEU

> *Et ascendit fumus incensorum de orationibus sanctorum, de manu Angeli coram Deo.* — Apocal. VII, 4.
>
> Et la fumée des parfums composés des prières des Saints, s'élevant de la main de l'Ange, monta devant Dieu.

I. Dieu récompense ses élus en les faisant participer à la médiation de Jésus-Christ. Sa gloire demande qu'il se rende propice à leurs supplications, parce qu'elles portent le sceau des mérites de son Fils. Ce n'est pas qu'ils soient médiateurs comme Jésus-Christ; mais Jésus-Christ a communiqué à leurs prières un écoulement de cette vertu suréminente et divine qu'il avait attachée à son immolation sur la croix, et qui obtint la réconciliation des hommes avec Dieu. Les Saints sont les serviteurs de Dieu, ses amis, ses enfants; à ces titres, il ne saurait leur rien refuser.

II. Quoique tous les Saints aient un grand pouvoir auprès de Dieu, néanmoins ce pouvoir est proportionné à la mesure des mérites qu'ils ont acquis sur la terre. Il est donc permis de penser que le pouvoir de saint Gilles est très-grand, car il est du nombre de ces saints dont les sacrifices héroïques ont fait l'édification de toute l'Église et sont devenus le fondement d'un culte mémorable et universel. Le sentiment des Fidèles, qui ne se trompe pas, est d'ailleurs un sûr garant de ce grand pouvoir de saint Gilles dans le ciel.

III. Avez-vous toujours profité du pouvoir de votre saint patron ? Au lieu de recourir à lui dans les adversités de la vie, n'avez-vous pas sollicité avec trop d'empressement et trop de confiance les secours et les consolations du monde ? *Malheur à celui qui met sa confiance dans l'homme*, nous dit l'Esprit-Saint. Pensez que ce grand pouvoir que Dieu donne aux Saints n'est pas pour eux, mais pour nous. Vous avez un grand protecteur dans le ciel; vous seriez ennemi de vous-même si vous refusiez de recourir à lui.

PRIÈRE

Grand saint, qui avait donné à nos pères des marques éclatantes de votre protection, continuez pour nous, auprès de Dieu, vos prières puissantes. Dans ces jours mauvais où l'ennemi du salut étend au loin ses ravages vous serez notre refuge, et il ne sera pas dit que, dans le siècle où vos enfants eurent un plus pressant besoin de votre secours, ils ont le plus négligé de vous intéresser à leurs maux.

Pratique. Prenez l'habitude de faire chaque jour une prière à votre saint patron.

HUITIÈME JOUR

SA TENDRE AFFECTION POUR NOUS

> *Charitas nunquam excidit.* — 1 Cor.
> XIII, 8. La charité ne s'éteint point.

I. L'on nous parle souvent de l'affection d'une mère pour ses enfants ; elle est bien tendre, sans doute, mais elle ne saurait être comparée à celle que les Saints ont pour nous. Tout ce que la tendresse a de plus délicat et de plus sensible ; tout ce que l'amour a de plus vif et de plus généreux ; tout ce que l'esprit de sacrifice a de plus héroïque ; les sentiments les plus doux de l'amitié, comme l'abandon sans mesure du dévoûment le plus absolu, tout cela, les Saints le possèdent dans le plus éminent degré. Ils puisent dans le feu de l'amour de Dieu, le feu de l'amour des hommes.

II. Vous ne pouvez douter de la tendre affection de saint Gilles pour vous. S'il était encore sur la terre, nul doute que vous le regarderiez comme le plus tendre des pères. Eh bien ! dans le ciel où toutes les affections du cœur se perfectionnent et se purifient, pourrait-il vous oubliez ? Interrogez les siècles passés et ils vous apprendront que saint Gilles nous a toujours aimés ; interrogez votre propre cœur, et il vous dira que saint Gilles vous aime ; il serait même étonnant qu'il ne nous eût pas déjà donné quelque marque éclatante de son amour. Cette vérité de sentiment est une vérité incontestable.

III. Avez-vous été reconnaissant de l'amour que votre saint Patron a pour vous ? L'amour se paie par l'amour. S'il vous aime, c'est qu'il veut que vous l'aimiez, pour vous conduire ainsi à l'amour de Dieu qui est le principe de cet amour mutuel qui unit les Saints du ciel aux chrétiens qui sont encore sur la terre. N'avez-vous pas borné votre dévotion à faire quelques froides prières, peut-être même à solliciter des bienfaits temporels ? Les Saints ne sauraient approuver cette dévotion insensible ou mercenaire.

PRIÈRE

Grand Saint, qui avez mérité notre amour par des bienfaits signalés nous vous aimerons toujours. Je sens mon cœur se porter vers vous par une inclination douce et naturelle. Il semble que Dieu vous a communiqué tous les attraits de la bonté paternelle, pour obtenir de vous les plus vifs sentiments de l'amour filial. Grand Saint, votre nom sera sans cesse dans notre bouche comme un témoignage public de votre tendre affection pour vos enfants, et vous serez sans cesse vous-même dans nos cœurs comme un témoignage secret, mais sensible, de l'amour de vos enfants pour leur père.

Pratique. Exprimez de temps en temps votre reconnaissance à votre saint Patron, pour la tendre affection qu'il a pour vous.

NEUVIÈME JOUR

SAINT GILLES NOTRE MODÈLE

> *Mementote præpositorum vestrorum, quorum intuentes exitum conversationis, imitamini fidem.* — Ad. Hebr. xiii, 7.
> Souvenez-vous de vos conducteurs, et considérant qu'elle a été la fin de leur vie, imitez leur foi

I. L'honneur que nous devons rendre aux Saints consiste principalement dans l'imitation de leurs vertus. Dieu ne les propose à votre vénération, que pour vous animer par leurs exemples ; et les Saints ne sauraient agréer des hommages souillés par une vie criminelle. Ils veulent des imitateurs et non des prédicateurs de leur sainteté.

II. La vie de saint Gilles est une règle de conduite pour toutes les conditions. Les riches y apprennent le détachement des richesses ; les pauvres, l'amour et les avantages de la pauvreté ; les hommes sensuels, le renoncement aux plaisirs de la terre ; les heureux du siècle, la frivolité de leur joie passagère, et tous, l'humilité, la pénitence, la fuite du monde, la crainte des jugements de Dieu et la préparation à la mort.

III. La dévotion que vous avez en votre saint Patron influe-t-elle sur votre conduite ? Ne consiste-t-elle pas dans les actes d'une piété toute extérieure ? Quelques prières, quelques réflexions passagères, quelques sentiments de vénération et de confiance n'en forment-ils pas tout le fond ? Faites de sa vie le modèle de la vôtre. En pensant à ses vertus, pensez à vos défauts. Son humilité doit vous faire souvenir de votre orgueil ; sa pauvreté, de votre attachement aux biens de ce monde ; sa pénitence, de votre sensualité. Lorsqu'on a un véritable désir de son salut, tout devient instruction dans la vie des Saints.

PRIÈRE

Grand Saint, je ne veux plus vous exprimer ma vénération par des paroles stériles, mais bien vous honorer par des actions saintes. Je vais puiser dans votre vie des règles de conduite appropriées à mon état ; et ma dévotion, loin d'être une dévotion de pensées et de paroles, deviendra une dévotion pratique. Il m'est trop honorable, grand Saint, de marcher sur vos traces, pour oser vous louer sans corriger mes mœurs. Cultivez par vos prières ces heureuses dispositions de mon âme, et qu'il vous soit donné de voir dans vos enfants des imitateurs de vos vertus. Nos louanges alors seront plus dignes de vous et du Dieu, qui vous a glorifié.

Pratique. Proposez-vous habituellement d'imiter les vertus du Saint qui conviennent le plus à votre position et à vos besoins.

LITANIES

EN L'HONNEUR DE SAINT GILLES

Kyrie, eleison,	Seigneur, ayez pitié de nous.
Christe, eleison,	Jésus-Christ, ayez pitié de nous.
Kyrie, eleison,	Seigneur, ayez pitié de nous.
Christe, audi nos,	Jésus-Christ, écoutez-nous.
Christe exaudi nos,	Jésus-Christ, exaucez-nous.
Pater de cœlis, Deus *miserere nobis*,	Père céleste qui êtes Dieu, ayez pitié de nous.
Fili redemptor mundi Deus,	Fils rédempteur du monde qui êtes Dieu ayez pitié de nous.
Spiritus Sancte Deus,	Esprit-Saint qui êtes Dieu, ayez pitié de nous.
Sancta Trinitas unus Deus,	Trinité sainte qui êtes un seul Dieu, ayez pitié de nous.
Sancta Maria, Dei genitrix, *ora pro nobis*.	Sainte Marie, mère de Dieu, priez pour nous.
Sancta Maria, Virgo virginum,	Sainte Marie, la plus pure des Vierges, priez pour nous.
Sancte Ægidi, ab infantiâ virtutum exemplar,	Saint Gilles, qui avez été dès votre enfance un modèle de vertu,
Sancte Ægidi, parentum gloria,	Saint Gilles, la gloire de vos parents,
Sancte Ægidi, sceptrum regale despiciens,	Saint Gilles qui avait méprisé le sceptre royal,
Sancte Ægidi, in honoribus humillime,	Saint Gilles, très-humble dans les honneurs,
Sancte Ægidi, in divitiis pauperrime,	Saint Gilles, très pauvre dans les richesses,
Sancte Ægidi, in concilio magnatum confessor veritatis,	Saint Gilles, confesseur de la vérité dans le conseil des grands,
Sancte Ægidi, in aulâ principum exemplum castitatis,	Saint Gilles, modèle de chasteté dans la cour des princes,

Ora pro nobis — Priez pour nous.

Sancte Ægidi, vitiorum omnium debellator strenue,	Saint Gilles, qui avez combattu avec ardeur tous les vices,
Sancte Ægidi, viduæ matris consolator assidue.	Saint Gilles, consolateur assidu de votre mère veuve,
Sancte Ægidi, e palatio regum solitudinem anhelans,	Saint Gilles, qui, du milieu du palais des rois, avez soupiré ardemment après la solitude,
Sancte Ægidi, patriam derelinquens,	Saint Gilles, qui avez abandonné votre patrie,
Sancte Ægidi, fide in Providentiam admirabilis	Saint Gilles, admirable par votre confiance en la Providence,
Sancte Ægidi, in naufragio secure,	Saint Gilles, plein de sécurité au milieu du naufrage,
Sancte Ægidi, abdita nemorum petens,	Saint Gilles, fuyant dans le fond des bois.
Sancte Ægidi, ob singularem sanctitatem in palatium regum vocate,	Saint Gilles, appelé dans le palais des rois à cause de votre grande sainteté.
Sancte Ægidi, prece tuâ sterilem terram fecundans,	Saint Gilles. qui, par votre prière, avez rendu à la terre stérile sa fécondité,
Sancte Ægidi, per vestem tuam morbos fugans,	Saint Gilles, qui avez chassé les maladies en faisant toucher votre manteau aux malades,
Sancte Ægidi, pœnitentiæ exemplar eximium,	Saint Gilles, grand exemple de pénitence,
Sancte Ægidi. herbis agrestibus et radicibus victitans.	Saint Gilles. qui vous êtes nourri de racines et d'herbes sauvages,
Sancte Ægidi, pernoctans in meditatione.	Saint Gilles, qui avez passé les nuits dans la méditation.
Sancte Ægidi, solitarios Thebaïdis æmulans,	Saint Gilles, qui avez suivi l'exemple des solitairss de la Thébaïde,
Sancte Ægidi, a bestiis divinitus nutrite,	Saint Gilles, qui avez été nourri miraculeusement par les bêtes sauvages.
Sancte Ægidi, sanctitate per orbem resplendens,	Saint Gilles. illustre dans le monde par votre sainteté.
Sancte Ægidi, monasterii celeberrimi fundator.	Saint Gilles, fondateur d'un monastère très-célèbre,
Sancte Ægidi, multorum monachorum pater atque rector,	Saint Gilles, le conducteur et le père d'un grand nombre de religieux,

Ora pro nobis.

Priez pour nous.

EN L'HONNEUR DE SAINT GILLES

Sancte Ægidi, possessiones tuas Romano Pontifici donans.

Sancte Ægidi, singulari veneratione in Ecclesiam Romanam pollens,

Sancte Ægidi, per totam vitam carnem domans et animum vincens,

Sancte Ægidi, in cœlos ab Angelis comitate,

Sancte Ægidi, exemplar nostrum,

Sancte Ægidi, refugium in calamitatibus,

Sancte Ægidi, in ærumnà solatium,

Sancte Ægidi, dux noster,

Sancte Ægidi, amator noster,

Sancte Ægidi, pater noster.

Sancte Ægidi, ab oratione pro filiis nunquam cessans,

Agnus Dei, qui tollis peccata mundi, parce nobis, Domine,

Agnus Dei, qui tollis, etc., exaudi nos, Domine.

Agnus Dei, qui tollis, etc., miserere nobis.

Christe, audi nos.

Christe, exaudi nos.

℣. Ora pro nobis, beate Ægidi.

℟. Ut digni efficiamur promissionibus Christi.

Ora pro nobis.

Saint Gilles qui avez fait don de toutes vos possessions au Souverain-Pontife,

Saint Gilles, animé d'une profonde vénération pour l'Eglise Romaine,

Saint Gilles, qui, pendant toute votre vie, avez dompté votre chair et subjugué votre esprit,

Saint Gilles, accompagné dans le ciel par les Anges.

Saint Gilles, notre modèle.

Saint Gilles, notre refuge dans les calamités,

Saint Gilles, notre consolateur dans nos afflictions,

Saint Gilles, notre guide,

Saint Gilles, qui nous aimez,

Saint Gilles, notre père,

Saint Gilles, qui ne cessez de prier pour vos enfants,

Agneau de Dieu, qui effacez les péchés du monde, pardonnez-nous, Seigneur.

Agneau de Dieu, etc., exaucez-nous, Seigneur.

Agneau de Dieu, etc., ayez pitié de nous.

Jésus-Christ, écoutez-nous,

Jésus-Christ, exaucez-nous,

℣. Saint Gilles, priez pour nous.

℟. Afin que nous soyons rendus dignes des promesses de Jésus-Christ.

Priez pour nous.

OREMUS.

Sancti Abbatis Ægidii supplicationibus tribue nos, Deus, adjuvari ; ut quæ piè credidit, appetamus, et quod justè speravit consequamur. Per Dominum, etc.

PRIONS.

Faites, Seigneur, que nous soyons aidés par les prières de saint Gilles, afin que, pleins d'amour pour les vérités qu'il a crues, nous obtenions les biens qu'il a espérés. Par notre Seigneur J.-C., etc.

PRIÈRES A SAINT GILLES

Prières à Saint Gilles contre la peur

Grand Saint, à qui Dieu a accordé un pouvoir spécial contre la peur, daignez nous protéger contre toute frayeur et nous obtenir le courage au milieu des dangers du monde, la force dans les tentations et la résignation dans les épreuves de cette vie. Mais s'il est une crainte que nous devons avoir, c'est la crainte du Seigneur ; demandez donc pour nous au divin Maître ce don précieux et la grâce de vivre dans son saint amour.

Secourez-nous surtout à notre heure dernière, alors que notre âme, tremblante à la vue de ses crimes, sera saisie des horreurs de la mort ; dans ce moment terrible, accourez à notre aide, défendez-nous contre les terreurs de l'enfer, et, lorsque nous paraîtrons devant le souverain Juge pour entendre l'arrêt irrévocable qui fixera notre sort, suppliez-le de ne point nous repousser, mais de nous recevoir dans les bras de sa miséricorde. Ainsi soit-il.

Prière à saint Gilles contre l'orage.

Saint Gilles, qui par vos prières apaisez les orages et éloignez les tempêtes, obtenez du Seigneur que le tonnerre qui gronde sur nos têtes ne punisse point nos infidélités et nos ingratitudes ; que son bruit formidable ne serve qu'à nous faire rentrer en nous-mêmes, et qu'il nous rappelle combien il est terrible de tomber, avec une conscience coupable, entre les mains d'un Dieu irrité. Obtenez-nous la douleur de nos fautes et la grâce de n'être jamais surpris par la mort en état de péché mortel. Ainsi soit-il.

Prière pour implorer le secours de saint Gilles dans les confessions

Dieu saint, père des miséricordes, qui avez promis la grâce d'une contrition véritable et d'une sincère confession à quiconque invoquerait avec confiance votre glorieux serviteur saint Gilles, délivrez-nous par son intercession de cette honte funeste qui empêche tant d'âmes de confesser toutes leurs fautes et les pousse à leur perte. Ne permettez point que nous nous exposions ainsi à faire une confession sacrilége et de mauvaises communions.

Donnez-nous assez de sincérité et de courage pour découvrir au prêtre qui tient ici votre place, toutes les plaies de notre âme, sans en cacher ni diminuer aucune, afin qu'apportant à la réception de ce sacrement les dispositions nécessaires, nous méritions de recevoir le pardon de nos péchés. Ainsi soit-il.

Prière d'un père et d'une mère pour implorer le secours de saint Gilles en faveur de leur enfant tourmenté par la peur ou les convulsions

Seigneur Jésus, qui disiez à vos apôtres : « Laissez venir à moi les petits enfants, » Seigneur Jésus, vous qui aimiez à les caresser et à les bénir, nous vous présentons aujourd'hui notre enfant : il a peur ; cette affreuse maladie trouble son sommeil ; à cette vue notre cœur est agité de mille inquiétudes. Daignez, Seigneur, par l'intercession du puissant saint Gilles, dont vous avez récompensé l'innocence, dès l'âge le plus tendre, par des miracles éclatants, mettre fin à nos alarmes en rendant à cet enfant, qui nous est si cher, le calme et la santé ; préservez-le de tout mal, protégez-le au milieu des dangers de cette vie, et daignez le faire arriver au séjour du bonheur éternel. Ainsi soit-il.

Prière pour l'Église et pour la France

Puissant saint Gilles, dont le culte brille d'un nouvel éclat dans ces jours d'inquiétude et d'angoisse, nous venons implorer votre secours, ô vous que nos pères, dans leur reconnaissance, aimaient à proclamer l'un des quatorze saints les plus secourables du paradis : accourez à notre aide. Vous le voyez, les flots vont submerger la barque de Pierre, et comme les Apôtres, nous crions vers le ciel : « Sauvez-nous, nous allons périr. » Vous qui par vos prières calmez les orages, apaisez la tempête qui gronde sur l'Église, vous qui en avez tant aimé le chef, conservez-nous notre glorieux Pontife, daignez lui obtenir des jours calmes et heureux, par la défaite de ses ennemis et l'humble soumission de tous ses enfants.

Saint Gilles, qui avez voulu venir en France pour l'édifier et la sanctifier par votre humilité, votre pénitence, votre amour de la sainte Église, et toutes vos admirables vertus, protégez notre patrie, victime de l'orgueil, de l'indifférence et du respect humain. Obtenez du Seigneur, par vos puissantes prières, que la France n'ait plus peur de prier son Dieu, d'abjurer l'erreur, d'affirmer sa foi et de protéger l'Église. Ainsi soit-il.

PRIÈRE A SAINT GILLES

POUR OBTENIR
DU SOULAGEMENT DANS QUELQUES BESOINS DE LA VIE

Vous permettrez, ô grand Saint, que, dans le malheur qui m'afflige, je vienne implorer votre secours. En vain me tournerais-je du côté des hommes pour obtenir quelque adoucissement à mes maux ; j'ai fait trop souvent une triste expérience de leur faiblesse et de leur ingratitude. Ma plus douce consolation est de venir déposer à vos pieds l'expression de mes besoins et de ma douleur, persuadé que vous vous rendez attentif à la voix de vos enfants. Nous avons appris de nos pères à recourir à vous dans nos afflictions. Il nous a été dit que, dans les revers de la vie, leur prière n'est jamais parvenue en vain jusqu'à vous ; que jamais vous n'avez dédaigné de prêter une oreille attentive au cri de leur douleur. Nous savons qu'à des époques mémorables, vous avez fait descendre sur notre patrie les bénédictions du Ciel, et que vos enfants affligés ont recueilli de vos mains des grâces abondantes. Temps heureux ! souvenirs honorables ! Grand Saint, cette confiance de nos aïeux en votre protection puissante, nous l'avons reçue comme un héritage précieux ; et encore aujourd'hui, au milieu d'un siècle d'erreurs et de crimes, les cœurs en sont touchés. Tout périt autour de nous ; la foi semble vouloir s'éteindre, la charité s'affaiblit, la corruption et l'erreur étendent au loin leurs ravages effrayants ; mais ce sentiment de confiance que nous avons reçu avec la vie, subsiste au milieu de tant de ruines et ne saurait s'éteindre. Voici donc, ô grand Saint, prosterné à vos pieds, un de vos enfants qui ne vous a point oublié ; il a besoin de vous dans son malheur, ne vous refusez pas à écouter sa prière; il vous appelle, dans le sentiment de la plus douce confiance, son refuge, son soutien, son protecteur et son père ; et sachant tout ce que ces titres ont de glorieux pour vous, toute la puissance qu'ils exercent sur votre cœur, il ose croire fermement que vous exaucerez ses vœux. Oui, grand Saint, permettez-moi d'attendre tout de votre bonté paternelle. Pourriez-vous nous refuser ce que vous pouvez nous donner ? Pourriez-vous laisser vos enfants dans le besoin et l'affliction ? Non, il ne sera jamais dit qu'aucun de ceux qui ont mis leur confiance en vous a été délaissé ; toujours votre bonheur sera de consoler les affligés, de fortifier les faibles, et de nous inspirer à tous, dans les vicissitudes de cette malheureuse vie, les sentiments de la piété et de la foi. Ainsi soit-il.

CANTIQUE

HISTORIQUE ET CHRONOLOGIQUE SUR SAINT GILLES

Né du sang des princes d'Athène,
Mais humble d'esprit et de cœur,
Saint Gilles fuit la pompe vaine
Et le faste de la grandeur.
A la mort de sa tendre mère,
Il part, du Ciel même inspiré,
Et dans la France hospitalière
Il brûle de vivre ignoré.

Depuis l'illustre saint Césaire,
Arles brillait par ses vertus ;
Il vient y vivre en solitaire :
Les Saints restent-ils inconnus ?
Un miracle annonce sa vie;
Le peuple l'entoure et le suit :
Il fuit la cour et sa patrie
Cherche un asile loin du bruit.

Non loin du Rhône, Vérédème,
De saint Agricol successeur,
Près du Gardon fixe lui-même
Les pas du pieux voyageur.
Là, le Ciel, à sa voix docile,
A l'infirme rend la santé ;
Il prie, et la terre stérile
Recouvre sa fécondité.

Du peuple il fuit encore l'hommage
Et se rend enfin dans ce lieu ;
Ici, sous un épais feuillage,
Il veut vivre seul avec Dieu.
Son cœur, qu'un feu divin embrase,
Est plein de la Divinité,
Et son âme pure en extase
S'élève à l'immortalité.

Le duc Paul tout-à-coup, dans Nîmes,
Contre son roi s'est révolté ;
Wamba vainqueur punit son crime,
Mais il pardonne à la cité.
Pendant le siége de la ville,
Un des gens du prince, un matin,
Force une biche en son asile ;
Un trait part et blesse le Saint.

Ils courent ; son front vénérable
D'un profond respect les saisit :
Ils s'arrêtent ; son air affable
A l'approcher les enhardit :
La biche, des chiens délivrée,
A ses pieds trouve un protecteur :
De la main du Saint rassurée,
Elle ne craint plus le chasseur.

Précédé d'un brillant cortége :
Le roi se rend auprès de lui ;
Et l'évêque de Nîmes, Arrége,
Avec tous les seigneurs le suit.

Aux pieds du Saint, sous un vieux chêne
Wamba prosterné lui fait don
De la *vallée Flavienne*,
Qui dès ce jour porta son nom.

« De cent disciples, ô mon père !
« Soyez l'instituteur sacré,
« Et bientôt dans un monastère
« Devenez leur premier abbé !
« Que ce désert, jadis sauvage,
« Célèbre un jour par ses vertus,
« Du Ciel protégé d'âge en âge,
« En renferme les vrais élus ! »

Le vœu du roi se réalise ;
Le Saint, d'élèves entouré ;
Bénit le cloître et son église,
Qu'à saint Pierre il a consacré.
Au pape, par une cédule,
De tous ces biens il fait le don,
Et Benoît second, par sa bulle,
Les met sous sa protection.

D'une cité qui fut immense
Son cloître devint le berceau :
Ses vertus et son innocence
Ont sanctifié son tombeau.
Il expire : le chœur des Anges
Accompagne son âme au ciel ;
La terre chante ses louanges,
Nos cœurs lui dressent un autel.

CANTIQUE

OFFERT

AU TOMBEAU DE SAINT GILLES PAR UN PÈLERIN

I

Trois siècles d'oubli, de silence
Étaient passés sur le tombeau
Du plus grand saint de la Provence,
Enseveli dans ce caveau.
C'était Saint Gilles, notre père,
Jadis ermite de ces lieux
Illustrés par sa vie austère
Et ses bienfaits prodigieux.

II

En cette crypte magnifique,
Qui tenait caché ce trésor
Avait péri le culte antique :
C'était le règne de la mort.
Ici l'hérésie et la guerre,
De la cité double fléau,
Avaient tout réduit en poussière ;
Qui pouvait croire à ce tombeau ?

III

Mais la divine Providence,
Dont l'amour veille sur les Saints,
L'avait soustrait à leur violence,
Pour révéler de grands desseins.

On sait qu'un jour bien mémorable
Un instrument choisi des cieux ;
Soudain, découverte admirable !
Le fit reparaître à nos yeux.

IV

Le voilà ! c'est lui : noble pierre,
Nous te possédons désormais,
Et ce souterrain solitaire
Te devra la vie et la paix.
Fut-il jamais faveur pareille ?
O cité, chante avec amour
Chante, sans cesse, la merveille
Que vint éclairer ce beau jour.

V

Au temps passé, la renommée
De ce sépulcre glorieux
Disait à l'Europe étonnée
Tant de bienfaits miraculeux,
Que les peuples pleins d'assurance
Et les victimes du malheur
Venaient implorer sa puissance
Et l'acclamer comme un sauveur.

VI

Ces jours de foi luiront encore ;
Dieu nous en rendra la splendeur ;
Saluons la nouvelle aurore
Qui nous annonce ce bonheur :

On reviendra vers cette pierre,
Dont l'univers sait la vertu :
Du grand Saint Gilles la poussière
A quels vœux n'a pas répondu ?

VII

Si nous voulons son assistance
Pour notre terre desséchée,
Aussitôt avec abondance,
Le ciel distille sa rosée.
Dans les angoisses de la vie
Chacun entend sa douce voix,
Cette voix qui nous fortifie
Et nous fait accepter la croix.

VIII

Qu'ici l'infirme de tout âge
Soit conduit par la charité :
Il reprendra tout son courage
Et la grâce de la santé.
Vous serez toujours notre gloire,
Monument cher à nos aïeux
Et, dans tous les temps, votre histoire
Sera redite à nos neveux.

IX

Ce n'est jamais en vain qu'on prie,
Leur dira-t-on, ce saint tombeau :
Toute douleur qui le supplie
Sent renaître un espoir nouveau.

Que de la foi la flamme ardente
S'éveille donc en tous les cœurs ;
Que bientôt sa vertu puissante
Nous ramène des jours meilleurs.

X

Cendres augustes de nos pères,
Dormez ici dans le Seigneur,
Sous les auspices tutélaires
Qui vous assurent le bonheur.
Tombe sainte, à la dernière heure,
Obtenez-nous un doux sommeil,
Et que l'éternelle demeure
Nous accueille à notre réveil.

LA VIE DE SAINT GILLES

CHANTÉE PAR SES ENFANTS

I

Venez, enfants, vers cette pierre ;
Trésor si longtemps oublié !
C'est le tombeau de notre Père,
De St-Gilles l'illustre abbé.

II

Amour, respect et louanges
A ce tombeau glorieux.
Célébrons, avec les anges,
Son réveil miraculeux.

III

De notre Saint l'âme brûlante
Se voue à la pauvreté,
La vie humble et pénitente
Fera sa félicité.

IV

Pour suivre l'attrait sublime
Qui le porte vers la Croix,
Le seul désir qui l'anime
Est de vivre dans les bois.

V

Vers des rives très-lointaines
Et du fond de l'Orient,
De la riche et noble Athènes,
Il part, l'héroïque enfant.

VI

Comme un géant, il s'élance,
Plein de force et d'abandon,
Vers le midi de la France
Et jusqu'aux bords du Gardon.

VII

O joie ! ô surprise extrême !
Un ange de ce désert,
L'Athénien Vérédème,
A son regard s'est offert.

VIII

C'est le ciel qui les rassemble ;
Ce mystérieux séjour
Devait les unir ensemble,
Dans un ineffable amour.

IX

Mais le bonheur en ce monde
Fuit comme un songe inconstant.
Douce paix qui les inonde,
Tu ne dures qu'un instant.

X

En vain d'épaisses ténèbres
Abritent leur sainteté ;
Pour ces deux amis célèbres
Bientôt plus d'obscurité.

XI

Par d'ardentes multitudes
Gilles se voit envahi
Dans ses chères solitudes
Ses miracles l'ont trahi.

XII

Où fuir ? quel abri plus sombre
A ses yeux viendra s'offrir,
Lui qui veut vivre dans l'ombre
Et dans l'ombre veut mourir ?

XIII

C'est la forêt Flavienne
Dont il choisit le séjour ;
Mais son espérance est vaine
Son oubli n'aura qu'un jour.

XIV

Qui troublera mon silence
Se dit-il, en ce désert ?
Il écoute : un bruit s'avance
Est-il encor découvert ?

XV

Sa biche, toute sanglante.
Accourt frappant les échos.
C'était la chasse bruyante
D'un grand roi des Wisigoths.

XVI

Désormais, plus de retraite :
Dieu te destine au grand jour,
O sublime anachorète !
De Wamba voici la cour.

XVII

« Salut, vieillard vénérable,
« Hôte illustre de ces lieux !
« Découverte inénarrable ! »
Dit le monarque pieux.

XVIII

« Ma puissance est souveraine ;
« Je la mets à vos genoux.
« Que désormais ce domaine
« Et ces forêts soient à vous ! »

XIX

C'est là que d'un monastère
De disciples glorieux
Gilles deviendra le père,
Jusqu'à son vol vers les cieux.

XX

Ce souterrain magnifique,
A notre cité si cher,
Garde son sépulcre antique,
Qu'un miracle a découvert.

CANTIQUE

Au tombeau de Saint Gilles découvert dans la crypte de l'Église abbatiale de Saint Gilles, le 29 août 1865.

A notre bienheureux saint Gilles
Chantons un cantique nouveau ;
Offrons lui des cœurs plus dociles,
Dieu nous a rendu son tombeau.

Près de la grotte solitaire
Qu'habita notre saint patron,
Repose la modeste pierre
Qui garde son corps et son nom.

Devant ces reliques sacrées
Répandons nos chants et nos fleurs,
Et, sous ces voûtes vénérées,
Du Ciel exaltons les faveurs.
D'amour et d'ardente prière
Entourons le pieux trésor ;
Penchés sur son lit funéraire
Saint Gilles nous bénit encor.

Nos pères ont vu d'âge en âge
Les œuvres de sa charité ;
Lorsque partout grondait l'orage,
Lui veillait sur notre cité.
Sa foi, ses vertus surhumaines
Eclatèrent dans l'univers ;
Les nations les plus lointaines
Chantent ses miracles divers.

L'infirme, à la voix de saint Gilles,
Reprend la force et la santé ;
Les champs depuis longtemps stériles,
Recouvrent leur fertilité ;
En Pologne, la dynastie
D'un monarque religieux,
Retrouve sa sève et sa vie,
Dans un enfant miraculeux.

De son ancien pèlerinage,
Le temps a ramené les jours ;
Chacun, dans son humble langage,
Lui demandera du secours ;
Sous sa pacifique bannière
Refleurira la charité,
Et nous cueillerons sur la terre
Des trésors pour l'éternité.

Accourez donc, peuples fidèles
Qui gémissez dans les douleurs ;
Vous cherchez des mains paternelles
Qui sachent essuyer vos pleurs ;
Vers cette tombe bien-aimée
Tournez vos regards confiants,
Pour voir grandir sa renommée
Par des prodiges renaissants.

O saint Patron, si je t'oublie,
Toi que j'aimai dès mon berceau,
Si je ne rends, toute ma vie,
Un culte à ton noble tombeau,
Que ma main, justement punie,
Dans l'oubli sèche pour jamais,
Que ma voix tombe, anéantie,
Si je ne chante tes bienfaits !

Du haut de la sainte demeure
Où Dieu récompense ta foi,
Obtiens que je vive et je meure
Dans la pratique de sa loi ;

Obtiens qu'admis aux chœurs des anges,
Après ce terrestre séjour,
Je chante, avec toi, ses louanges,
Au sein de l'éternel amour !

CANTIQUE

A SAINT GILLES DE LA PLAINE

I

Saint Protecteur, dans les jours des vieux âges,
Des pèlerins s'en vinrent avant nous
Vous suppliant d'éloigner les orages
Et du Seigneur d'apaiser le courroux !
Des naufragés vous étiez l'espérance ;
On vous nommait la santé des souffrants ;
Des prisonniers l'heureuse délivrance
    Et le refuge des enfants !

Refrain :

Grand Proctecteur, les enfants de saint Gilles,
En ce lieu saint, à votre aide ont recours,
Ecoutez notre voix, Patron de cette ville,
    Soyez notre secours.

II

Saint Protecteur, sur cette mer du monde,
Dans l'ouragan nous voguons incertains ;
Le démon règne et la nuit est profonde.
Hélas ! pour tous mauvais sont les chemins.

Nos pauvres cœurs ont besoin de remède,
D'un guide sûr pour affermir nos pas,
Comme aux vieux temps, venez donc à notre aide,
    Et ne nous abandonnez pas.

III

Saint Protecteur, insensés que nous sommes,
La peur souvent s'empare de nos cœurs :
Oubliant Dieu, nous craignons trop les hommes,
Méconnaissant du saint joug les douceurs.
Si le démon suscite des orages,
Si nous tombons dans la lutte parfois,
Ami de Dieu, relevez nos courages ;
    Du ciel entendez notre voix !

IV

Saint Protecteur, pour l'Église et la France,
Pour nos parents, nos amis et nous tous,
Nous implorons ici votre puissance ;
Voici nos vœux, grand Saint, écoutez-nous :
Qu'en tous les cœurs la foi domine en reine ;
Que cesse enfin le règne de Satan,
Puis, que bientôt tombe la lourde chaîne,
    Du Prisonnier du Vatican !...

V

Saint Protecteur, alors notre patrie,
Recouvrera sa grandeur et sa paix ;
L'Église aura sa liberté chérie,
Et l'on dira vos gloires, vos bienfaits,

Comme autrefois, vos *gestes admirables*,
A cet autel et dans tous les pays,
En vous nommant l'*un des plus secourables*
Entre les Saints du Paradis !...

CANTIQUE

EN L'HONNEUR DE SAINT GILLES

Refrain :

Nous avons confiance en vous,
Nous croyons en votre puissance ;
Prenez en main notre défense,
O saint Gilles, priez pour nous.

I

Vous, à qui Dieu donna puissance,
Pour nous préserver de la peur,
Nous réclamons votre assistance :
Calmez l'effroi de notre cœur.

II

Votre biche, un jour menacée,
Vint près de vous, dans le danger,
Et votre main qui fut percée
S'étendit pour la protéger.

III

Tendre soutien de la jeunesse,
Protégez les petits enfants,
Vous qui défendez la faiblesse,
En butte aux flèches des méchants.

CANTIQUE

IV

Quand, aux pieds du Dieu de clémence,
Il nous faut faire des aveux,
Priez qu'une heureuse sentence
Nous ouvre la porte des cieux.

V

Des plus terribles maladies,
O saint Gilles, préservez-nous ;
Des familles furent guéries
En vous implorant à genoux.

VI

Quand il tonne sur notre tête,
O saint Gilles, souvenez-vous
Qu'un jour où grondait la tempête
Vous apaisâtes son courroux.

VII

Vous qui jadis de l'incendie,
Avez préservé votre autel,
Protégez aussi notre vie
Contre ce châtiment du Ciel.

VIII

Demandez à Dieu que la terre
Nous donne ses riches produits.
L'eau du ciel à votre prière
Jadis lui fit porter des fruits.

IX

Surtout au déclin de la vie,
Éloignez de nous la terreur ;
Priez Dieu dans notre agonie,
De nous ouvrir son divin Cœur.

X

Priez aussi pour la patrie
Que votre cœur aima toujours ;
Jamais notre France chérie
N'eut besoin d'un plus grand secours.

XI

Et pour l'Église, notre mère,
Qui souffre et gémit dans les fers,
Priez que l'ange de lumière
Confonde l'esprit des enfers.

L.-B.

DÉCOUVERTE

DU TOMBEAU DE SAINT GILLES

CANTATE

Peuples ! quelle ardeur vous entraîne ?
Pourquoi ces chants, ces cris joyeux ?
D'un roi la pompe souveraine
Va-t-elle briller à vos yeux ?

Ou bien, près d'un char de victoire,
Dans vos mains portant le laurier.
Allez-vous célébrer la gloire
D'un illustre et vaillant guerrier ?

— Mais quoi ! le front dans la poussière,
Au fond d'un antique caveau,
Mêlant des pleurs à la prière,
Je vous vois auprès d'un tombeau !
Peuples, debout ! chantez sa gloire ;
Saint Gilles sort de son sommeil ;
Le ciel veillant, sur sa mémoire,
Lui fait un glorieux réveil.

Assez longtemps un voile sombre
Avait obscurci son cercueil ;
Assez longtemps, assis dans l'ombre,
Son sanctuaire fut en deuil ;
Ouvre ton sein, terre illustrée
Par son nom et par ses vertus,
Rends-nous sa dépouille sacrée ;
Car ses ennemis ne sont plus.

A l'œuvre ! à l'œuvre ! a dit un prêtre, (1)
Au zèle ardent et courageux ;
Fouillez, creusez : ici peut-être,
Se cache un trésor précieux ;
Mais tout à coup un bruit raisonne :
Un rayon d'espérance a lui...
Un tombeau s'ouvre... le ciel tonne ;
Le ciel, la terre ont dit : C'est lui !

(*) M. l'abbé Goubier, curé de St-Gilles.

C'est lui ! c'est lui ! dit la science,
Dont les secrets révélateurs
Ont proclamé son existence,
Par la bouche de ses docteurs.
C'est lui ! dit à son tour l'Eglise ;
Peuples chrétiens n'en doutez pas ;
Vers cette tombe reconquise,
Allez, allez, pressez vos pas.

Salut ! monument tutélaire,
Montre-toi, parais au grand jour ;
Bientôt pour baiser ta poussière,
Vingt peuples viendront tour à tour.
Au réveil de ta gloire antique,
Le monde entier veut applaudir,
Et pour revoir ta basilique,
Douze siècles vont revenir !

Au fond de vos tombes d'albâtre,
Nobles figures qui dormez,
Wamba, saint Louis, Clément quatre,
Levez la tête et regardez...
Un jour nouveau brille et rayonne,
Sur l'humble ermite d'autrefois :
Le ciel lui fait une couronne
Plus riche que celle des rois.

Et toi, silencieuse enceinte,
Toi qu'on vit, triste et sans honneur,
Gémir de douleur et de crainte,
Sous le marteau profanateur ;

Trop longtemps de ta voix sonore
Les échos se sont endormis ;
Réjouis-toi : voici l'aurore
Des beaux jours qui te sont promis.

Dépouille toi de tes décombres
Sous la pioche du travailleur ;
Que le grand jour succède aux ombres
Qui nous dérobent ta splendeur :
Montre tes voûtes magnifiques ;
Abaisse tes vieux souterrains ;
Élargis tes brillants portiques :
Voici venir tes pèlerins.

Autel sacré, vieux sarcophage,
Nobles dépouilles du caveau,
Immortels témoins d'un autre âge,
Prenez place autour du tombeau ;
Parlez, racontez son histoire :
Dites-nous de ce lieu sacré
Les malheurs, dites-nous la gloire
Des siècles qui l'ont illustré.

Et vous aussi, levez la tête,
Antiques chênes des côteaux,
Venez revoir l'anachorète
Qui s'abrita sous vos rameaux ;
Prolongez, par votre existence,
Le souvenir de ses grandeurs ;
Soyez l'emblème et l'espérance
De ses nouveaux imitateurs.

Grand saint ! notre illustre modèle :
Toi que le ciel rend à nos vœux ;
Ton peuple restera fidèle
Au culte cher à nos aïeux.
Notre cité fut ton ouvrage ;
Tu fus toujours son protecteur.
Que ton nom, béni d'âge en âge,
Soit notre gloire et notre honneur.

TABLE DES MATIÈRES

Dédicace..	1
Avant-propos.	i

CHAPITRE I

Saint Gilles. — Sa Naissance. — Ses Œuvres. — Sa Mort.

Premières années de saint Gilles	1
Il quitte sa patrie	3
La vallée Flavienne	5
Saint Gilles découvert par le roi Wamba	6
Fondation d'un Monastère dans la vallée Flavienne	9
Saint Gilles et Charles-Martel	10
Mort de saint Gilles	12

CHAPITRE II

Rapide propagation du culte de Saint Gilles.

Saint Gilles placé au nombre des Saints	15
Prospérité de la ville et du pèlerinage de Saint-Gilles	17

Crypte de Saint Gilles 20
Saint-Gilles pendant les Croisades 22
Saint Louis et Clément IV 27
Culte de Saint Gilles en Europe 29
Saint Gilles invoqué dans les afflictions 31
Naissance miraculeuse de Boleslas III 32
Saint Gilles invoqué dans les afflictions et les maladies 36

CHAPITRE III
Décadence du Pèlerinage de Saint Gilles.

Les Albigeois 40
Mort de Pierre de Castelnau 41
Pénitence publique de Raymond VI 44
La Réforme au XVIe siècle 47
Reliques de Saint Gilles transportées à Toulouse . . . 49
Recouvrement d'une portion des reliques de Saint Gilles 51
Massacre des Prêtres et des Clercs 55
Destruction de la basilique 58
Les Révolutionnaires à Saint-Gilles 63

CHAPITRE IV
Découverte du tombeau de Saint Gilles. — Résurrection des Pèlerinages.

Histoire de la découverte 67
Restauration de la Crypte 72
Résurrection des Pèlerinages 79
Inauguration solennelle de la découverte du tombeau. 81
Nouvelles tristesses 84
L'espérance renaît 85
Pèlerinages 86
Pèlerins divers 88
Embellissement de l'Église supérieure 92
Pèlerins étrangers 93
Encore la Belgique et l'Angleterre 93

CHAPITRE V

La Basilique de Saint-Gilles.

Vis de Saint-Gilles	105
Façade	106
Description de la façade	107
Symbolisme de la Basilique	123
La Maison romane	129
Conclusion	135

Manuel a l'usage des Pèlerins

Neuvaine en l'honneur de saint Gilles, abbé	145
Litanies en l'honneur de saint Gilles	161

Prières

Prières à saint Gilles contre la peur	164
Prière à saint Gilles contre l'orage	164
Prière pour implorer le secours de saint Gilles dans les confessions	165
Prière d'un père et d'une mère en faveur de leur enfant tourmenté par la peur ou les convulsions	165
Prière pour l'Église et pour la France	166
Prière à saint Gilles pour obtenir du soulagement dans quelques besoins de la vie	167
Cantiques	169

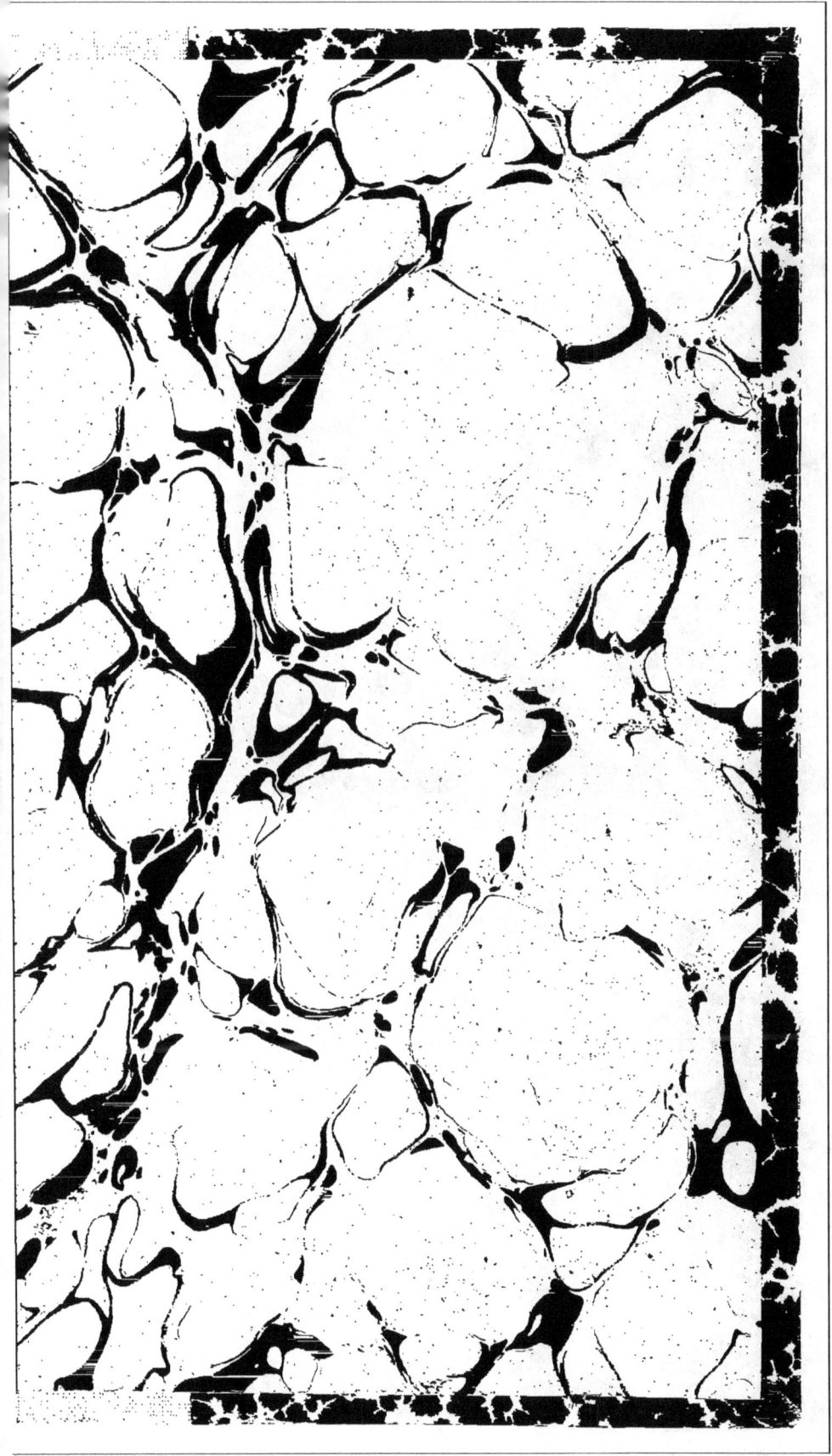

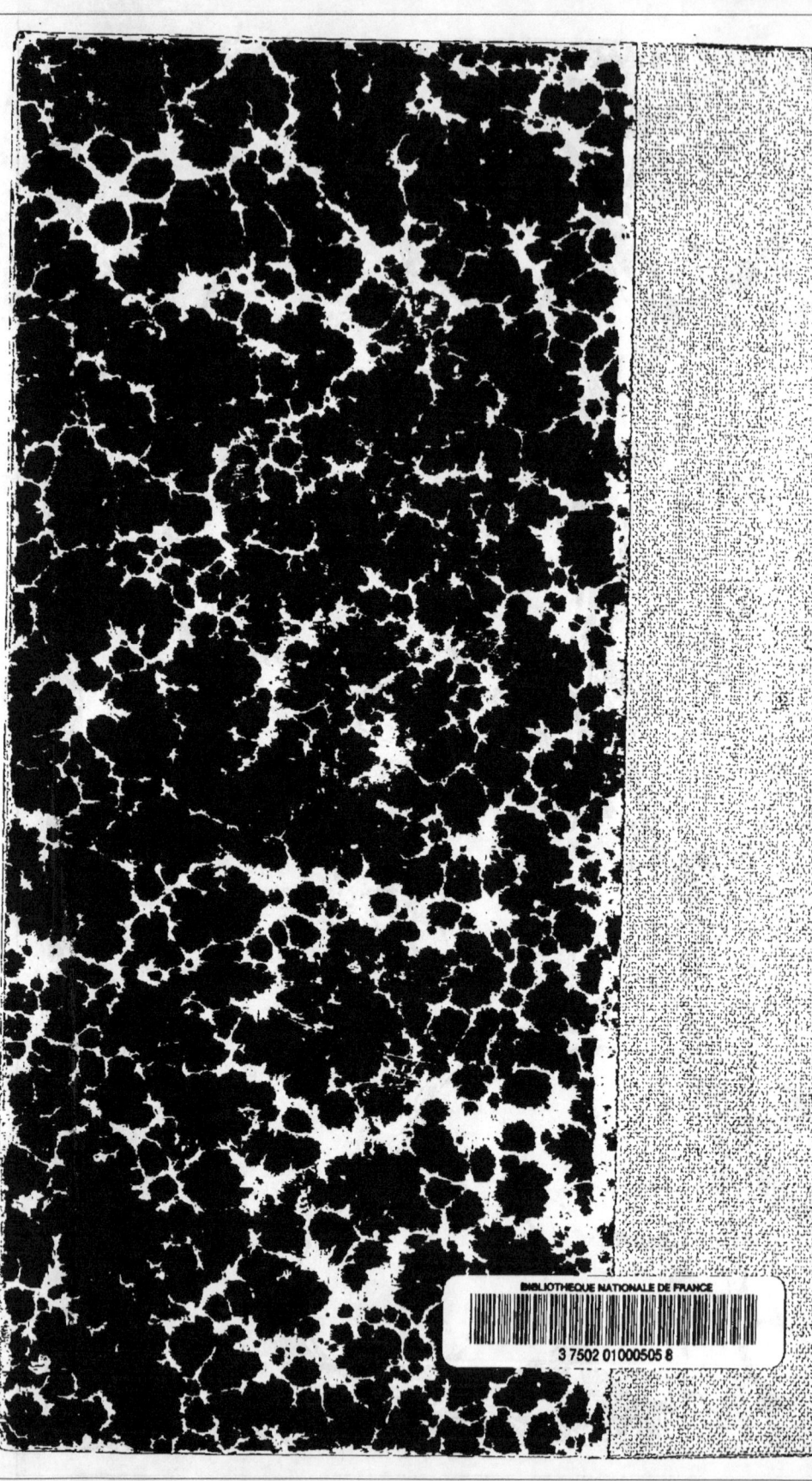

www.ingramcontent.com/pod-product-compliance
Lightning Source LLC
Chambersburg PA
CBHW062001180426
43198CB00036B/1906